研究生拔尖创新人才能力评价研究

——基于团队资源能力和个人能力素质集成视角

白　冰　邓修权　著

中国矿业大学出版社
·徐州·

图书在版编目(CIP)数据

研究生拔尖创新人才能力评价研究:基于团队资源能力和个人能力素质集成视角 / 白冰,邓修权著. —徐州:中国矿业大学出版社,2020.12

ISBN 978-7-5646-4888-6

Ⅰ.①研… Ⅱ.①白… ②邓… Ⅲ.①研究生—创造能力—能力培养—研究 Ⅳ.①G643.0

中国版本图书馆 CIP 数据核字(2020)第 256752 号

书　　名　研究生拔尖创新人才能力评价研究
　　　　　　——基于团队资源能力和个人能力素质集成视角

著　　者　白　冰　邓修权

责任编辑　史凤萍

出版发行　中国矿业大学出版社有限责任公司
　　　　　　(江苏省徐州市解放南路　邮编 221008)

营销热线　(0516)83885307　83884995

出版服务　(0516)83995789　83884920

网　　址　http://www.cumtp.com　**E-mail**:cumtpvip@cumtp.com

印　　刷　江苏凤凰数码印务有限公司

开　　本　710 mm×1000 mm　1/16　**印张** 10.25　**字数** 184 千字

版次印次　2020 年 12 月第 1 版　2020 年 12 月第 1 次印刷

定　　价　48.00 元

前 言

《国家中长期教育改革和发展规划纲要(2010—2020年)》指出“努力培养造就数以亿计的高素质劳动者、数以千万计的专门人才和一大批拔尖创新人才”。培养和造就一大批拔尖创新人才是建设创新型国家的必然要求,也是提升我国综合竞争力的重要保障。2019年2月,中共中央、国务院印发了《中国教育现代化2035》,提出了推进教育现代化的八大基本理念,并聚焦教育发展的突出问题和薄弱环节,立足当前,着眼长远,重点部署了面向教育现代化的十大战略任务。其中,提升一流人才培养与创新能力作为第六大战略任务,提出加强创新人才特别是拔尖创新人才的培养,加大应用型、复合型、技术技能型人才培养比重。2020年7月,习近平总书记指出研究生教育在培养创新人才、提高创新能力、服务经济社会发展、推进国家治理体系和治理能力现代化方面具有重要作用。这对新时期我国研究生高层次人才培养提出了新要求。

2020年9月,教育部、国家发展改革委、财政部发布《关于加快新时代研究生教育改革发展的意见》,提出研究生教育肩负着高层次人才培养和创新创造的重要使命,是国家发展、社会进步的重要基石,是应对全球人才竞争的基础布局。拔尖创新人才是高层次人才的重要组成部分,拔尖创新人才培养的主要渠道是研究生教育,研究生是我国高等院校、科研机构以及社会上所有与创新相关的机构中创新能力最强的群体,同时也是建设我国成为创新型国家的坚实力量,因此研究生拔尖创新人才的培养至关重要。而高校科研团队为研究生拔尖创新人才的培养提供了一个平台,研究生在科研团队中通过科学研究,一方面将自己的基础知识和专业知识运用于实践,另外一方面通过团队内部成员间多学科知识背景的交流,丰富了自身的知识。同时,在科研团队中研究生通过团队合作、协同工作可以实现综合能力的提升,研究生依托科研团队成长,从而提高了自身的能力素质,科研团队有效促进了研究生拔尖创新人才的培养。

研究生拔尖创新能力的培养离不开个人和科研团队的共同努力,故单纯地从研究生个人的角度或科研团队的角度进行研究是不全面的。因此，本研究从团队资源能力和个人能力素质集成的视角展开分析，在对相关文献进行综述基础上，对本研究涉及的核心概念进行了界定，包括：提出拔尖创新人才的概念及内涵、能力的内涵和个人能力素质的构成，并重点对研究生能力素质的构成进行了界定和分析，为后续的研究明确了概念基础；从我国研究生创新人才培养的发展历程入手，分析了培养现状以及存在的问题，并分析了国外研究生创新人才培养的现状，为我国的研究生创新人才的培养提供有意义的借鉴；从个体、制度、导师以及团队层面对制约研究生拔尖创新人才能力培养的因素进行了理论分析；从团队资源能力和个人能力素质集成的视角，以科研团队的资源能力模型为基础，构建了研究生拔尖创新人才能力素质驱动模型，运用结构方程方法，对研究生拔尖创新人才能力素质进行了测评，验证了驱动模型的有效性；根据理论分析和实证研究的结果，提出研究生拔尖创新人才能力培养提升机制及对策，为相关部门制定政策提供支持。

本书在写作过程中得到了很多帮助和支持。感谢江苏师范大学商学院的老师们对本书写作提出的宝贵建议。感谢实施调研和参与调研的研究生们，没有他们的参与，实证部分的研究很难完成。特别感谢中国矿业大学出版社的陈振斌主任对本书框架结构提出的建设性意见！此外，本书写作过程中还参阅了大量的文献资料，在此向这些文献资料的作者致以诚挚的谢意！

本书是江苏师范大学商学院白冰主持的全国教育科学规划国家青年项目（CIA130172）的研究成果，同时，本书的出版得到了中国博士后科学基金面上项目（2016M600016）的资助。

除封面署名作者外，参与本书部分章节编写与数据收集、分析处理的人员还有：康云鹏、张珊珊、黄艾佳、孙雨、席俊锋、毛杨絮、刘秀梅，顾海华、郭志琼、高德华等。由于作者水平有限，书中难免存在纰漏之处，恳求读者批评指正。

作者

2020 年 11 月

目　录

第一章 绪 论

第一节 研究背景及意义

一、研究背景

培养和造就一大批拔尖创新人才是建设创新型国家的必然要求，也是提升我国综合竞争力的重要保障，这是《国家中长期教育改革和发展规划纲要（2010—2020年）》明确提出的目标，也是《中国教育现代化2035》提出的十大战略任务之一。拔尖创新人才这一概念的提出，顺应了时代的需求。众所周知，拔尖创新人才培养的主渠道是高校和科研院所的研究生教育。研究生教育的质量直接影响我国拔尖创新人才的培养。

2020年7月，习近平总书记就研究生教育工作做出重要指示，指出中国特色社会主义进入新时代，即将在决胜全面建成小康社会、决战脱贫攻坚的基础上迈向建设社会主义现代化国家新征程，党和国家事业发展迫切需要培养造就大批德才兼备的高层次人才。习近平强调，研究生教育在培养创新人才、提高创新能力、服务经济社会发展、推进国家治理体系和治理能力现代化方面具有重要作用。这对新时期研究生拔尖创新人才培养提出了新要求。

拔尖创新人才一个重要的体现就是具有较强的创新能力，而创新能力是创造出具有某种社会价值的新想法、新事物的能力，是在创造思维作用下，认识和引导实践的综合能力。创新是人类特有的认识能力和实践能力，是人类主观能动性的高级表现形式，是推动民族进步和社会发展的不竭动力。当今时代，科学技术和生产力发展迅猛，不同国家之间竞争非常激烈。如今世界各大强国的竞争，归根到底还是创新人才和创新技术的竞争，实际上是各国之间创造性人才的竞争。因此，创新能力的水平影响着国家的发展速度，国家创新人才的数量和质量更直接体现了国家实力的强弱。

20世纪90年代末，教育部颁布《面向21世纪教育振兴行动计划》并在计划中明确指出："瞄准国家创新体系的目标，培养造就一批高水平的具有创新能力的人才。"党的十八大报告把"创新人才培养水平明显提高"作为全面建成小康社会的重要目标。党的十八届五中全会提出"五大发展理念"，将"创新发展"排在了首位。可见，创新是引领国家发展的第一动力，同时是对我国社会主义现代化建设新阶段的教育工作的新要求。

2012年，国家开始实施"高等学校创新能力提升计划"即"2011计划"，该项目是针对新时期中国高等学校已进入内涵式发展的新形势的又一项从国家层面实施的重大战略举措。该项目对于提高我国高校创新能力，深入地实施科教兴国、人才强国战略也十分重要。由此可见，加强我国高校研究生拔尖创新人才的培养，提升研究生创新水平，是我国研究生教育的重要使命。

《中华人民共和国高等教育法》第五条明确规定：高等教育的任务是培养具有社会责任感、创新精神和实践能力的高级人才，发展科学技术文化，促进社会主义现代化建设。而研究生教育是国家培养创新型人才的重要方式，也是培养创新人才培养的重要阶段。我国研究生整体创新水平不仅体现了我国高校的拔尖创新人才能力培养水平，更体现了我国创新能力的综合水平，对我国创新体系的构建影响深远。因此，高校不仅是我国拔尖创新人才培养的主体，更是我国拔尖创新人才培养的摇篮。

随着知识经济时代的到来，高等教育的发展迎来了新的机遇和挑战。2010年，由教育部制定，中共中央、国务院印发的《国家中长期教育改革和发展规划纲要(2010—2020年)》中提出全面提高高等教育质量，到2020年，高等教育结构要更加合理，特色要更加鲜明，人才培养和科学研究、社会服务整体水平全面提升，使高等教育国际竞争力显著增强。

2019年2月，中共中央、国务院印发了《中国教育现代化2035》，明确了实现教育现代化的实施路径。《中国教育现代化2035》聚焦教育发展的突出问题和薄弱环节，立足当前，着眼长远，重点部署了面向教育现代化的十大战略任务，其中提升一流人才培养与创新能力为战略任务之一，并提出加强创新人才特别是拔尖创新人才的培养，全面提升高等学校原始创新能力。近年来，我国知识创新的任务，特别是基础研究的任务越来越多地交由高等学校来承担，高校已经成为国家创新体系的主体之一。作为国家教育体系最高层次的研究生教育，其基本目标就是培养具有创新性科学研究能力的人才。培养拔尖创新人才是研究生教育的核心,也是评价研究生教育质量的根本标准。研究生作为我国社会主义现代化建设高层次人才的重要组成部分,是我国增强综合国力、建设创新型国家的重要力量。在科学研究方面,促进科研与教学互动、创新人才培养相结合,充分发挥研究生的作用显得尤为重要。

2020 年 9 月,教育部、国家发展改革委、财政部发布《关于加快新时代研究生教育改革发展的意见》,提出研究生教育的总体目标为:“到 2025 年,基本建成规模结构更加优化、体制机制更加完善、培养质量显著提升、服务需求贡献卓著、国际影响力不断扩大的高水平研究生教育体系。到 2035 年,初步建成具有中国特色的研究生教育强国。”

2020 年 5 月教育部公布的《2019 年全国教育事业发展统计公报》数据显示,截至 2019 年 12 月底全国目前共有研究生培养机构 828 个,其中,普通高等学校 593 个,科研机构 235 个。从研究生招生规模以及研究生培养机构的发展状况看,我国高等院校的教育大众化继续推进,研究生教育规模保持持续增长的势头。(图 1-1、图 1-2)

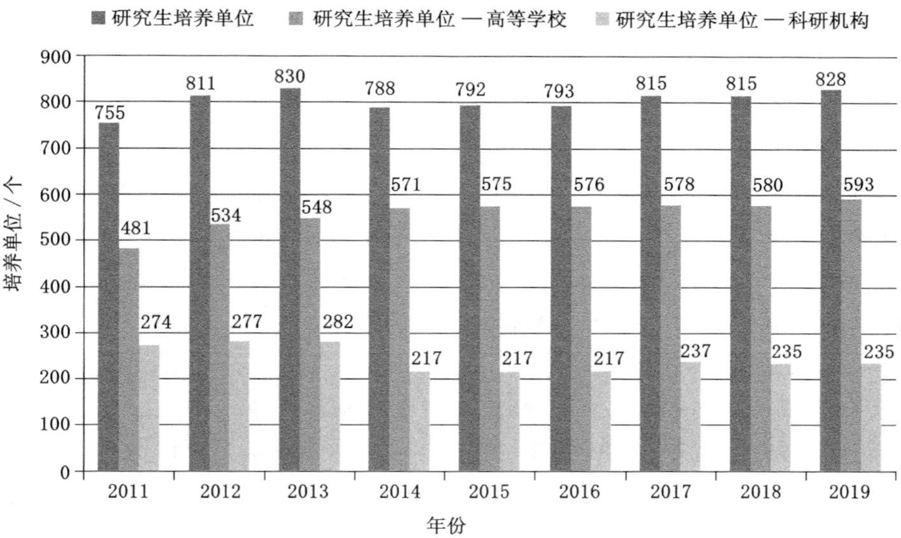

图 1-1 2011—2019 年全国研究生培养单位统计

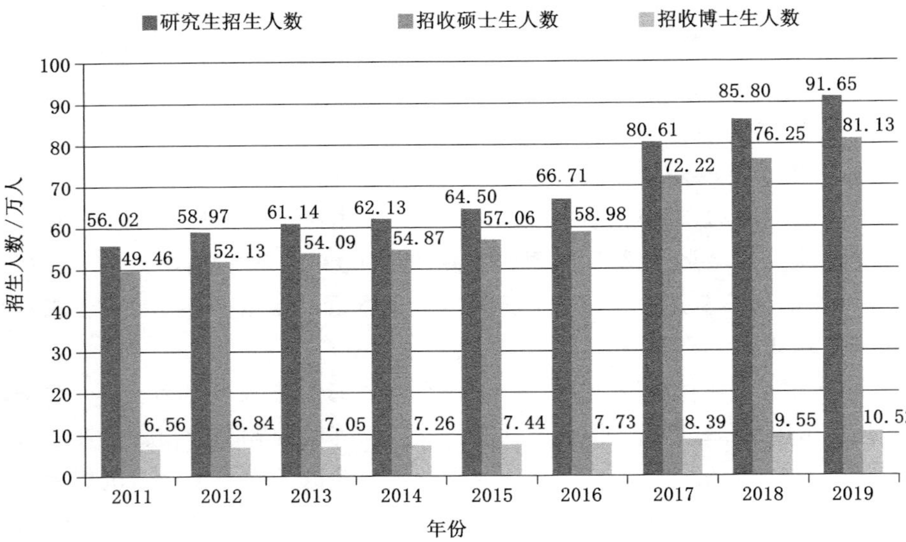

图 1-2　2011—2019 年全国研究生招生人数统计

随着我国高等教育规模的日益扩大和高等教育大众化进程加快，我国的研究生教育也飞速成长。创新能力是研究生必备的核心能力，但是随着近年我国研究生录取规模逐年递增，研究生的质量是否能够得到保障，是否能够培育具备创新能力的研究生，不仅是社会各界讨论的焦点，更是我国目前迫切需要解决的问题。我国将创新能力的培养作为研究生创新人才的重点培养目标，并在培养研究生具有独立从事科学研究工作的能力上投入了大量人力物力，与本科阶段相比，研究生阶段更注重培养学生研究问题的能力以及创新能力，因此探讨我国高校研究生拔尖创新人才能力素质的培养与提升机制已经成为学术界研究的重要课题。

随着高校改革步伐的推进，高校功能由注重传统单一的人才培养转变为强调科学研究与服务社会的重要功能上来，对拔尖创新人才培养更注重实用性。我国在研究生创新人才培养方式上的确存在一些问题，导致了培养效果不显著、成果不明显等问题。创新培养目标不明确，在研究生创新人才培养全过程中，只是完成学位论文和协助导师进行基础性的科研工作，简单而重复性的劳动从一定程度上打消了研究生从事科研创新活动的积极性和创造性。在这种情况下，多数研究生会在结束研究生课程后，进入相关企业职能部门实习锻炼，而在科研创新活动中投入的精力大大减少。可以说，这是当前研究生拔尖创新人才培养面临的一个突出问题。而研究生在开展科研创新活动中，个人从事的科研活动无法接触学科前沿，产生不了大的创新成果，又缺乏必要的沟通交流，造成了资源的重复购置和资源利用的浪费等，这种情况又导致了在学术观点上的制约性和闭塞性。有些研究生没有把主要精力放在学习与科研上，科研工作敷衍、学习风气浮躁，因基础知识不扎实、专业水平不高、学术功底薄弱导致学术思维陈旧、学术视野不宽阔、科研创新活力不足。有些研究生缺乏求真务实的科研态度、锲而不舍的科研毅力、严谨求实的科研作风和开拓创新的科研精神，科研实践能力也比较欠缺，在科研工作中缺乏创新、缺少成果。

另外，在研究生扩招的情况下，大多数高校的硕士生导师在研究生科研能力提高方面帮助有限。一些高校的导师和学生的比例失调，有的导师带几十个学生，研究生从入学到毕业很难得到自己导师的有效指导。诸多因素最终导致研究生科研实践参与度低、原创性成果稀少、高质量学术论文数量偏低，很多学术成果存在简单阐述、简单归纳、简单推理等问题，进而造成研究生科研创新能力不足的现象。

我国高校培养的研究生在规模日益扩大的同时，拔尖人才和创新能力总体水平还有待进一步提高。国家创新体系需要大批拔尖创新人才来推动，创新是一个民族进步的灵魂，具有创新能力的人才是一个民族灵魂的主要载体。研究生作为未来知识经济时代的中坚力量，其创新能力，不仅是衡量我国研究生教育质量的一个重要指标，也直接影响到高等院校知识创新的水平，而且它还关系到我国的科研水平和国家未来的整体创新能力，在实施科教兴国战略中起着不可替代的作用。目前，研究生创新意识不强，创新能力不足现象比较突出，因此，高等院校和科研院所如何提高研究生教育质量，培养更多具有创新意识和综合能力的拔尖创新人才，更好地为国家发展和社会进步服务，这是一个重要课题。

二、研究意义

本研究针对国内高校在研究生拔尖创新人才培养方面存在的问题，以个人能力素质模型和团队资源能力模型为切入点，对拔尖创新人才的能力构成、影响因素、能力驱动模型、能力提升机制等问题进行深入的研究，探讨研究生个人能力与科研团队资源能力的互动机制，建立基于个人能力素质和团队资源能力集成视角的研究生拔尖创新人才能力素质驱动模型，通过实证研究对研究生拔尖创新人才能力进行测评，并提出研究生拔尖创新人才能力培养提升机制及对策。这一研究成果对于提升研究生拔尖创新人才的培养能力、提高科研团队的创新水平、促进研究生个人能力与科研团队能力双赢发展、扩展能力素质模型的应用范围等都具有重要的现实意义和理论意义。

（一）理论意义

本研究有助于深刻理解研究生拔尖创新人才能力素质的内涵。传统的拔尖创新人才能力培养大多是单纯从拔尖创新人才个体角度进行分析或从团队角度进行分析，缺乏从个人能力素质和团队资源能力集成视角的综合分析。本研究以团队资源能力模型为基础，结合个人能力素质模型，从个体和团队集成的视角分析研究生拔尖创新人才能力培养，更能揭示拔尖创新人才能力素质的内涵。

本研究有助于为研究生拔尖创新人才能力培养提供理论支持。研究生拔尖创新人才能力培养是一项复杂的、涉及面广的课题，涵盖高等教育系统中的诸多问题，如学校的定位、人才队伍建设、科研管理、资源配置以及平台建设等，本研究有助于为研究生拔尖创新人才能力培养提供理论支持。

本研究有助于拓宽研究生拔尖创新人才能力培养的研究视野。传统对拔尖创新人才能力培养的研究大多局限于教育学领域，而本研究从能力素质理论、团队理论、个体行为和心理的视角对研究生拔尖创新人才能力培养要素之间的关系进行研究，具有系统性、综合性特点。这就要求研究视角突破教育学的范围，拓宽至系统科学、管理学、心理学等诸多领域，运用科学的研究方法，才能更好地分析研究生拔尖创新人才能力培养各相关要素之间的协同关系，深入揭示研究生拔尖创新人才能力培养的内在机制。

（二）现实意义

本研究有助于提升研究生拔尖创新人才能力培养的质量，促进研究生创新能力的提高。我国研究生教育中还存在诸多问题，尤其是在拔尖创新人才能力培养上还远远不能满足建设创新型国家对创新人才的需求。本研究对影响研究生拔尖创新人才能力培养的制约因素进行研究，从宏观层面和战略高度来把握影响创新能力的因素，从解决实际问题出发，引入了团队管理和心理学的思想，并应用到实践中去，对我国研究生拔尖创新人才能力培养具有一定的实践意义。

本研究有助于为高校管理者和决策者提供可资借鉴的决策依据。本研究以能力素质理论为指导，提出基于个人能力素质和团队资源能力集成视角的研究生拔尖创新人才能力素质驱动模型，为高校管理者和决策者在研究生拔尖创新人才能力培养方面提供一定的工作思路，对研究生拔尖创新人才能力培养具有较强的实践指导意义。

第二节　研究目的与方法

一、研究目的

本研究的目的是针对国内高校在研究生拔尖创新人才培养方面存在的问题，以个人能力素质模型和团队资源能力模型为切入点，对拔尖创新人才的能力构成、能力驱动、能力培养等问题进入深入的理论研究，建立基于个人能力素质和团队资源能力集成视角的研究生拔尖创新人才能力素质驱动模型，在此基础上应用结构方程模型对研究生拔尖创新人才能力进行评价，并提出研究生拔尖创新人才能力培养提升机制及对策。

研究生拔尖创新人才能力培养是一个关乎国家经济社会各个方面能够较好发展的重要人才保障。如果缺乏创新的意识、思想、水平和能力等任何一个方面，国家的经济社会发展都将会受到一定影响，很难实现经济社会又快又好的发展。创新能力不是原本就有的，创新能力需要通过教育的手段，通过相对较完备的教育体系和教育制度对人才进行高度集中的有目的的创新培养，逐步使之拥有水平比较高的创新能力。在培养创新能力的同时，还要对创新精神、创新思维和创新动机等方面进行培养。我国高等院校担负着为国家培养拔尖创新人才的重任，这其中研究生拔尖创新人才的培养至关重要。

《2003—2007 年教育振兴行动计划》中提出要推进研究生教育创新计划。目的是要深入探索新形势下研究生教育规律，建立与社会主义市场经济体制相适应的研究生教育体制和运行机制；加强研究生培养基地建设，改善培养条件，促进优质资源共享；建立研究生科研创新激励机制，营造创新氛围，强化创新意识、创新精神和创新能力的培养；努力使我国研究生培养质量和研究生教育的整体水平接近或达到发达国家水平，为实施科教兴国战略和人才强国战略奠定坚实的人才基础。《国家中长期教育改革和发展规划纲要（2010—2020 年）》是进入 21 世纪以来我国第一个教育改革发展规划纲要，为教育事业的科学发展指引航向，建设人力资源强国、提高国际竞争力的需要，瞄准国家创新体系的目标，培养、造就一批高水平的具有创新能力的人才。我国高等院校是培养高水平高素质的创新人才的基地，同时是创新教育系统搭建、知识创新体系建立以及高水平高素质和强创新能力的人才培养平台。

2019 年 2 月中共中央、国务院印发了《中国教育现代化 2035》，提出了推进教育现代化的八大基本理念：更加注重以德为先，更加注重全面发展，更加注重面向人人，更加注重终身学习，更加注重因材施教，更加注重知行合一，更加注重融合发展，更加注重共建共享；明确了推进教育现代化的基本原则：坚持党的领导、坚持中国特色、坚持优先发展、坚持服务人民、坚持改革创新、坚持依法治教、坚持统筹推进；并聚焦教育发展的突出问题和薄弱环节，立足当前，着眼长远，重点部署了面向教育现代化的十大战略任务。其中，提升一流人才培养与创新能力作为第六大战略任务，提出加强创新人才特别是拔尖创新人才的培养，加大应用型、复合型、技术技能型人才培养比重。这为新时期我国拔尖创新人才的培养指明了方向。

研究生群体无论是硕士研究生还是博士研究生，都是我国高等院校、科研机构以及社会上所有与创新相关的机构中创新的最强的群体，同时也是把我国建设成为创新型经济科技高速发展国家的坚实力量。研究生拔尖创新人才能力的强弱对国家创新能力整体水平的强弱起着关键性的作用。研究生教育质量已经成为衡量一个国家或地区的科学技术水平和专业技术团队整体创新水平的重要因素，直接影响一个国家或地区的政治、经济以及社会的发展。

二、研究方法

本研究以理论与实践相结合为出发点，采用规范的分析方法，遵循理论与实证研究相结合、定性研究与定量研究相结合、探索性研究与确定性研究相结合的研究思路，确保研究结论的科学合理性。具体的研究方法主要包括：文献分析法、问卷调查法、统计分析方法等。依托的理论包括：个人能力素质模型理论、团队资源能力模型以及心理学相关理论等。

（一）文献分析法

本研究通过中国知网（CNKI）、万方、维普等文献数据库，大量查阅国内外有关创新人才培养研究的文献资料，为后续的研究奠定夯实的理论基础，储备丰富的文献资料。使用文献分析法的主要目的是了解、掌握国内外研究已经取得的成果或是已达到的高度，在此基础上形成自己的研究命题和研究框架。本研究收集文献的形式包括三大类：① 公开出版和发行的学术著作、期刊论文、互联网资料等；② 国内外相关学术会议的论文资料；③ 政府部门的一些政策法规文件及有关部门的调查报告等。除了购买、查阅和上网收集外，与专家面对面地直接交流也是获取资料的重要手段。本研究首先聚焦国内外个人能力、团队能力、创新能力等相关前沿研究文献，进行深入的研读、讨论、归纳和分析梳理，定期开展文献交流和研讨会，不断明确研究问题的理论基础，深化理论框架，改进概念模型，改进假设提出，为本研究的推进提供理论指导。同时采用量化文献分析方法，聚焦主要研究主题，量化汇总已有研究发现的结论，对以往研究的理论脉络、分析方式、基本观点进行条理化总结，并抽取关键研究思路和逻辑推断，以便与本研究的发现进行对比分析。

（二）问卷调查法

本研究借助问卷调查收集相关数据，采用适宜的技术方法进行统计分析，得出相关结论。在提出可操作的研究假设后，本研究进一步深化理论范畴，以明确各个变量的操作性概念和相应的测量量表。变量测量遵循以下原则：以现有经典文献采纳的量表为基础，结合高校研究生拔尖创新人才培养的实际情境进行修正。为了对理论成果进行检验，需要对国内高校研究生拔尖创新人才的能力素质现状进行调研，并借助 SPSS 进行数据分析。具体做法是首先在前期文献调研的基础上设定问卷维度、编制测量题项；其次通过访谈、专家老师指导和初测调查，对问卷进行修改完善，确定最终的正式问卷；最后，对收回的问卷利用统计软件进行筛选整理。

（三）统计分析方法

统计分析方法是指利用专门的数据分析技术，分析和确定有关因素间相互作用方式和关系的分析方法。本研究所涉及的统计分析方法包括聚类分析、主成分分析和结构方程模型等。聚类分析指将物理或抽象对象的集合分组为由类似的对象组成的多个类的分析过程，其目标就是在相似的基础上收集数据来分类。主成分分析是指对于原先提出的所有变量，将重复的变量（关系紧密的变量）删去多余，建立尽可能少的新变量，使得这些新变量是两两不相关的，而且这些新变量在反映研究的信息方面尽可能保持原有的信息。结构方程模型是基于变量的协方差矩阵来分析变量之间关系的一种统计方法，常用于验证性因子分析、高阶因子分析、路径及因果分析、多时段设计、单形模型及多组比较等。

结构方程模型是一种建立、估计和检验因果关系模型的方法，模型中既包含有可观测的显在变量，也可能包含无法直接观测的潜在变量，结构方程模型可以替代多重回归、通径分析、因子分析、协方差分析等方法，清晰分析单项指标对总体的作用和单项指标间的相互关系。本研究运用结构方程模型进行实证研究，建立基于团队资源能力和个人能力素质集成视角的研究生拔尖创新人才能力素质驱动模型，对研究生拔尖创新人才能力素质进行了测评，验证驱动模型的有效性。

总之，研究生创新人才的培养本身即是一个理论与现实紧密结合的论题，其中既涉及人才培养的基本理念、模式设计等理论层面的问题，又涉及人才培养实践过程中所面临的纷繁复杂的现实问题，因而在实际的研究过程中，各种分析思路是交叉融合在一起的。如本研究在对研究生创新人才培养现状及制约因素分析时主要使用定性分析。定量分析是依据统计数据来建立数学模型，并通过数学模型计算出分析对象的各项指标及其数值的一种方法，主要是运用数学语言对研究对象进行“量”的方面的描述。本研究在对研究生拔尖创新能力测评实证分析时主要使用定量分析。定性分析与定量分析是相互统一、相互补充的；定性分析是定量分析的基本前提，没有定性的定量是一种盲目的和无价值的定量；定量分析可以使定性分析更加科学、准确，促使定性分析得出广泛而深入的结论。

第三节　研究内容与思路

一、研究内容

本研究将从个人能力素质和团队资源能力集成的视角展开分析，研究的主要内容如下：

第一章主要介绍研究背景、研究意义，明确研究思路和研究过程中所使用的研究方法及可能的创新点，为后续研究奠定基础。

第二章首先对研究依托的理论进行了阐述包括：能力素质理论、团队管理理论、绩效评价理论等；其次，对相关研究进行了文献综述包括：研究生拔尖创新人才培养的相关研究现状及评述、研究生个人能力素质相关研究现状及评述等;最后对涉及的核心概念进行了界定,包括:拔尖创新人才概念的提出及内涵、能力的内涵和个人能力素质的构成,并重点对研究生能力素质的构成进行了界定和分析,为后续的研究明确了概念基础。

第三章从我国研究生创新人才培养的发展历程入手,分析了培养现状以及存在的问题,同样分析了国外研究生的培养方案、制度、从中期望能够对我国的研究生创新人才的培养提供有意义的借鉴。

第四章从个体、制度、导师以及团队层面进行具体分析,总结了个体差异、国内外制度层面的差别,导师的在团队中的作用以及团队建设层面存在的问题,从宏观以及微观层面探讨了培养研究生拔尖创新人才的制约因素,为我国对研究生培养方案的改革提供了有利的参考依据。

第五章将组织能力理论与能力素质模型理论应用于高校科研团队管理中,建立了高校科研团队的资源能力模型,并通过实证研究验证了模型的有效性。随后,分别从宏观及微观角度分析了资源能力模型在高校科研团队管理中的应用,并结合实例说明了借助资源能力模型实现高校科研团队能力现状的评估及诊断现阶段制约团队能力提高的瓶颈因素的可行性。

第六章借助团队资源能力和个人能力素质相关理论,构建了基于团队资源能力视角的研究生拔尖创新人才能力素质驱动模型,并设计了问卷进行实证研究,运用 AMOS22 分析软件对研究生拔尖创新人才能力进行测评,并对结果进行分析。

第七章提出了研究生拔尖创新人才能力培养提升机制和对策建议,为相关管理者提供借鉴和指导。

二、研究思路

本研究的思路:问题提出—文献综述—核心概念界定—研究生拔尖创新人才培养现状与制约因素分析—团队资源能力模型构建—能力集成视角的研究生拔尖创新人才测评实证研究—提升机制及对策建议。研究的技术路线如图 1-3 所示。

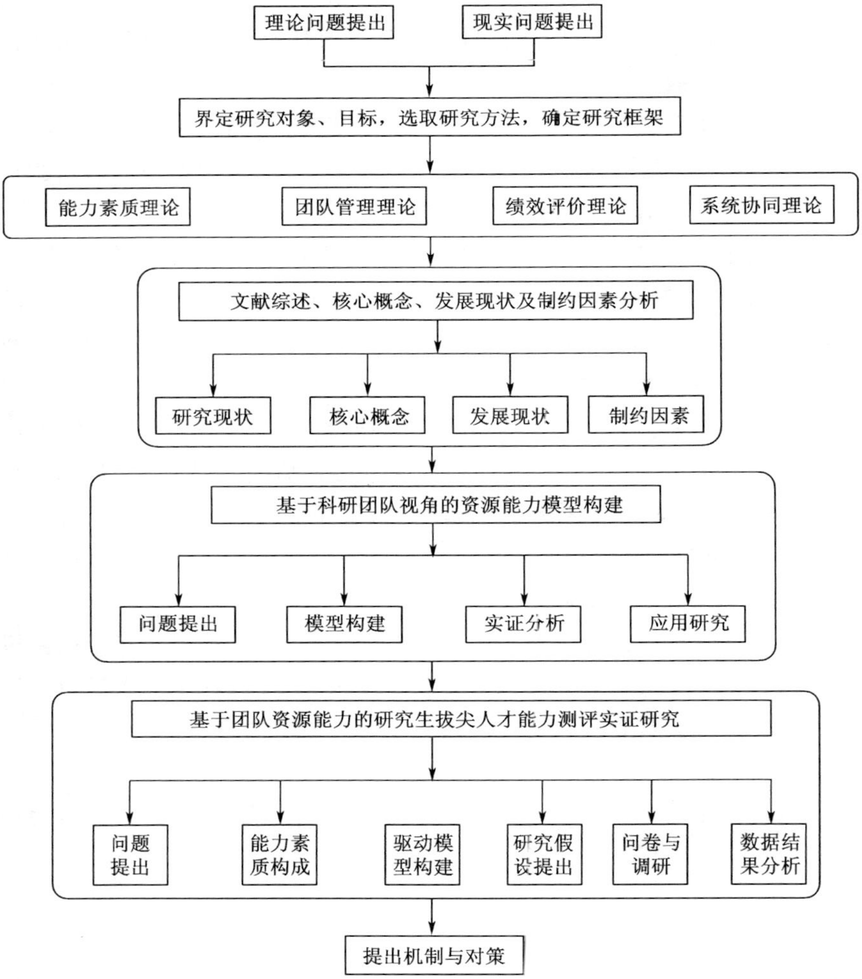
理论问题提出
现实问题提出
界定研究对象、目标，选取研究方法，确定研究框架
能力素质理论
团队管理理论
绩效评价理论
系统协同理论
文献综述、核心概念、发展现状及制约因素分析
研究现状
核心概念
发展现状
制约因素
基于科研团队视角的资源能力模型构建
问题提出
模型构建
实证分析
应用研究
基于团队资源能力的研究生拔尖人才能力测评实证研究
问题提出
能力素质构成
驱动模型构建
研究假设提出
问卷与调研
数据结果分析
提出机制与对策

图 1-3　技术路线图

第二章 理论基础、文献综述及核心概念

第一节 理论基础

一、能力素质理论

（一）能力素质的起源

能力素质，是从组织战略发展的需要出发，以提高实际业绩、强化竞争力为目标的一种独特的人力资源管理的思维方式、工作方法和操作流程。著名的心理学家、哈佛大学教授麦克里兰（McClelland）是国际上公认的能力素质方法的创始人。

20世纪50年代初，美国国务院在选拔标准外交官的时候发现，仅仅以一个人的智力能力为选拔标准，所选出来的人员并不能很好地胜任这份工作，很多智力很高看似优秀的人，在正常工作中的表现却很让人失望。因此他们委托哈佛大学的教授McClelland，希望其能够通过一些项目研究的方法，寻找出一种既高效又能够选拔出优秀人才的途径，并且设计出一种能够根据应试者的表现而对其实际绩效进行预测的方法。McClelland将现有的外交官分为两个组，一个是表现优秀组，一个是表现一般组。通过对两组外交官的行为特征和能力进行观察和总结，最终确定下来一个优秀的外交官应该具备的三种核心能力：

① 跨文化的人际敏感性。即能够理解不同文化背景下言行的表达，深入了解由于文化不同所带来的思维定式差异。

② 对他人抱有积极期望。即尊重他人的价值，不管在任何情况下都能保持对他人的积极期望。

③ 快速融入当地的政治网络。即快速了解当地人员政治倾向和人际关系

网络。

在项目研究的过程中，McClelland 摒弃了传统的对人才条件的预设，从第一手资料出发，真正区分了影响工作业绩的个人能力。

1973 年，McClelland 又在《美国心理学家》杂志上发表了一篇名为《测量胜任力而非智力》的文章。文章通过大量的调研结果证实了仅通过智力测验的方法来预测一个人的工作能力非常不科学。此外，在选拔人才的过程中一些通常被认为重要的因素并不能产生预期的效果。因此，他强调从现实着手，抛开那些主观臆断以及无法证实的假设，积极搜集第一手资料，发掘那些能够真正能够对工作业绩产生影响的特征和条件，从而为组织选拔真正符合条件的人才，同时也为个人提供适合自己能力的岗位。他把这些能够直接对工作业绩产生影响的特征和条件称为能力素质①。这篇文章的发表，标志着能力素质理论的诞生。

（二）能力素质的特征

McClelland 将个体的能力素质划分为五个层次：知识、技能、自我概念、特质和动机，如表 2-1 所示。

表 2-1　能力素质的五个层次

层次	解释
知识	个体在某种领域所掌握的经验和理论。比如财务知识、管理学知识、计算机知识
技能	个体运用所掌握的知识，解决具体问题的能力。比如分析问题的能力、管理团队的能力
自我概念	个体对自身的认识和了解。比如积极乐观的心态、坚持不懈的精神
特质	个体在具体的环境中所表现出的性格特点。比如团队合作能力、指挥协调能力、责任感等
动机	个体为了实现特定的目标而采取相应行动的内在动力。比如职位晋升、自我满足等

此外，从能力素质的适用范围角度，又可以将能力素质区分为核心能力素质和专业能力素质。所谓核心能力素质，指的是全体员工普遍应该具备的素质，比如团队荣誉感、环境适应力等，这种能力与所处部门和职位无关；而专业

① Mcclelland D C, "Testing for Competence Rather Than for 'Intelligence'," American Psychologist 28, no. 1(1973): 1-14.

能力素质是与个体所处部门和职位相关的能力素质，比如管理岗位应该具备的指挥协调能力，技术岗位应该具备的操作能力等。

（三）能力素质模型的定义

能力素质模型是一种衡量个体工作绩效的指标体系，于 20 世纪 70 年代首次在管理学领域被提出来，它由包含在五个能力素质层次中的多个具体指标所构成。作为一种描述性的工具，能力素质模型描述了个体的外显和潜在能力，并且针对不同的职位和部门有着不同的要求，因为特定的部门和职位所要求具备的能力不同，因此衡量绩效所选取的指标自然不同。一个良好的能力素质模型能够促使企业实现组织目标，量化组织绩效，提高人员选拔、培养、聘用等方面的效率，在人力源管理与开发中起着基础性和决定性作用①。

（四）能力素质模型的类型

能力素质模型的类型其实有很多种，包括多种岗位能力素质模型如专业技术、管理岗位和营销岗位，等等。典型的能力素质模型主要包括由 McClelland 在 1973 年提出的冰山模型和 Boyatzis 在 1982 年提出的洋葱模型，具体如图 2-1 和图 2-2 所示。

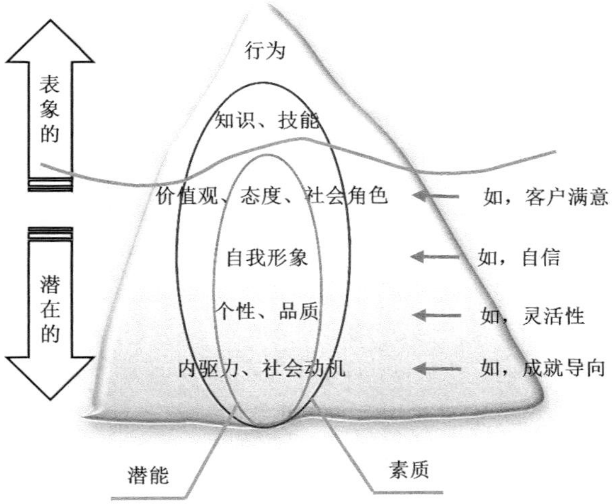

图 2-1　冰山模型

① 孙莹：《关于能力素质模型的研究综述》，《中小企业管理与科技》2014 年第 5 期，第 60-61 页。

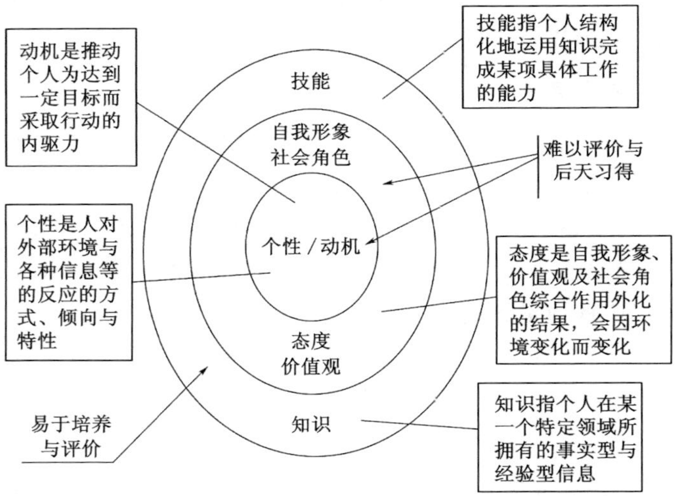

图 2-2　洋葱模型

从两个模型图中可知，能力素质是分层次的，总体可以分为显性胜任力和隐性胜任力。显性胜任力容易被衡量和识别，而隐性胜任力难以测量和模拟，且隐性胜任力是区分高绩效者和一般绩效者的关键要素。

以能力素质模型为基础，针对不同的行业、管理水平以及部门，一些学者提出了相对应的能力素质模型。如 Spencer（1993）针对管理人员，提出了包含 21 项因素的通用的胜任力模型。国内学者罗双平综合了“冰山模型”以及“洋葱模型”，提出了具有较强可操作性的岗位通用能力素质模型，主要包括以下几方面：个性特征、必备知识、专业技能与综合能力、工作经历经验与成果。

（五）能力素质模型的设计思想①

（1）能力素质模型要针对不同的岗位和部门分别制定，不同部门对能力的要求不同，因此在选拔人才的时候侧重点也不同。

（2）在设计能力素质模型的时候，可以选用模板，但是应该在模板的基础上，根据企业自身的情况以及所处行业的特殊性进行适当调整，设计出符合本企业自身要求的能力素质模型。

（3）能力素质模型的指标并不是一成不变的，企业应该根据发展目标和策

① 本部分参考郑嫫：《高校学生能力素质模型的构建及其应用研究》，武汉大学 2013 年学位论文。

略不断调整模型，使得模型跟得上企业的发展状况。

(4) 并不是每个岗位都需要设计相应的能力素质模型，对于简单基础的工作不必采用模型进行选拔，对于管理类、创新类以及高难度设计和操作等类别的工作才应该选用能力素质模型选拔人才，这样既可以节约成本，又能为重点岗位选拔到合适的人才。

(5) 设计模型所选取的指标应该合理准确，不应过少也不应过多。

（六）能力素质模型的建模方法

设计能力素质模型，要综合考虑多种因素，主要方法包括：行为事件访谈法、关键事件法、专家讨论法、问卷法、职位分析问卷等。

1. 行为事件访谈法

这是一种开放式的行为回顾式探索技术，是揭示胜任能力的主要工具。该方法要求受访者回顾过去在工作上感受到成就感或者挫败感的主要事件，包括事件发生的具体情景描述、参与人有哪些、参与者采取了哪些措施、受访者的个人感受以及事件的最终结果。通过对这些要素进行回忆，还原一个完整的事件，而在访谈过程中，要求受访者至少回忆 3～6 个类似的完整事件。在全部资料收集完毕后进行归纳总结，对比绩效水平高的受访者和绩效水平低的受访者的结果，选取合适的指标。该方法需要大量的受访者才能具有代表性，可以结合别的方法一起使用。

2. 关键事件法

它是通过对工作中最好或最差的事件进行分析，对造成这一事件的工作行为进行认定从而做出工作绩效评估的一种方法。这种方法的好处是具有比较强的针对性，能够有效地对表现做出评价；缺点在于对关键事件的界定以及行为好坏的界定具有主观性，容易造成偏差。

3. 专家讨论法

这种方法是请来领域内的专家一起进行头脑风暴，在讨论的过程中相互启发并思考。其不足之处在于专家的数量难以把控，遇到分歧的时候无法定夺。

4. 问卷法

问卷是按照一定的目的进行编制的，通过搜集大量资料，针对最终目的设计出具有代表性的问题，要求受访者根据自身情况如实作答，然后对回收的问卷进行数据分析。其缺点在于问卷的编制难度较大以及对于受访者回答的正确性难以保证。

5. 职位分析问卷

这种方法同时考虑了员工与职位两个变量因素，并将各种职位所需要的基础技能与基础行为以标准化的方式罗列出来。其缺点在于花费时间较多，成本较高。

（七）能力素质模型建模的基本原则

建立能力素质模型是一项系统性的工作。它涉及人力资源管理的各个方面。许多团队或者组织的使用结果表明，这种方法可以显著提高人力资源的质量，强化组织的竞争力，促进团队或者组织发展目标的实现。在确定能力素质的过程中需要遵循以下基本原则：

（1）能否显著地区分工作业绩，是判断一项能力素质的唯一标准。也就是说，在实际工作中，表现优秀与表现一般的员工必须在所确认的能力素质上有明显的可以客观衡量的差别。

（2）判断一项能力素质能否区分工作业绩必须以客观数据为依据。任何主观判断、理论假设以及过去的经验必须有客观数据的支持才能成立。在确定能力素质后，团队或者组织还需要建立能客观衡量个人能力素质水平的测评系统。同样，测评系统的有效性也必须经过客观数据的检验。测评的结果必须能显著地区分工作业绩。并在此基础上，设计能力素质在各种人力资源管理工作中的应用。

（八）能力素质建模的步骤

由于团队或者组织的经营目的、资源条件、规模大小等因素的不同，所选择的能力素质模型也不同，其一般建模方案为：

（1）明确当前团队或者组织发展最关注的核心问题，以及团队或者组织在经营管理中所追求的最终目标，同时结合团队或者组织自身的发展状况，对团队或者组织所处的行业环境做出分析，明晰团队或者组织的发展战略、业务策略、团队或者组织文化等，使得工作的重点能够放在核心能力和关键行为上，以更好地确定关键绩效领域。

（2）分组并确定样本：将处在岗位上的个体，按照绩效的高低分为表现优秀组和表现普通组，在优秀组和普通组中分别选取一定数量的个体进行具体分析。

（3）根据建立的能力素质模型，收集各个指标的数据，目前最常使用的方法是行为事件访谈法，通过对优秀人员和一般人员大量的专业访谈来获取模型岗位的第一手资料。

(4) 将上一步收集来的资料进行汇总并分析，根据访谈结果提取能力素质特征，归纳、统计出各种胜任特征在报告中出现的频次，并对行为表现的复杂度和广度水平进行编码、归类，得出区分优秀人员和一般人员的要素，提炼素质项目，建立素质模型。

(5) 对已经建立的素质模型进行评估与验证，并且将模型中的素质能力进行分级，通过模型体现出不同使用者的差异性。

二、团队管理理论

(一) 团队的基本概念

人是社会的一部分，总是需要生活在各种各样的群体之中，如一个家庭、企业抑或是某个部门组合、医疗小组等。人们在不同的群体中工作和生活，不断地付出，并最终得到他们所希望的各种东西，包括生理、安全、归属、尊重、自我实现等需要。因此，群体是一种普遍而重要的社会现象，群体介于组织和个体之间，个体组成群体，群体形成组织。

根据群体的原则和方式的不同，群体分为正式群体和非正式群体。正式群体是指由组织正式确定，具有明确的组织方式、工作方式和任务目标的群体。非正式群体与正式群体相反，它不依组织正式之规而建，不属于组织结构图的范畴。它是人们在工作生活中为了某些需要而自然结成的一种有着一定心理默契和感情联系的、其成员之间的关系较为松散的群体。团队是介于二者之间的，不同于正式群体和非正式群体的一种特殊群体。

关于团队的概念，许多中外学者从不同的研究角度出发，给出的解释不尽相同。Robbins(1994)认为，团队是指一种为了实现某一目标而由相互协作的个体所组成的正式群体。这一定义突出了团队与群体不同，所有的团队都是群体，但只有正式群体才能是团队。Cohen and Bailey(1997)、Sharif(2017)等人认为，团队是在工作中相互依赖、为特定结果而共同承担责任的个体的集合体。卡曾巴赫、史密斯(1999)从团队任务的角度，提出团队就是少数有互补技能，愿意为了共同的目的、业绩目标和方法而相互承担责任的人们组成的群体。周玲(2005)认为，学术团队是由若干拥有共同目标、支持公认的行动准则和决策程序、知识互补、能够正确处理团队内部矛盾冲突的人员组成的群体。秦亮生、李玉荣(2009)认为，学术团队是由一名学术带头人和一定数量的学术骨干组成的具有稳定明确的研究方向的学科队伍，并总结了学术团队六个方面的特点：学术性、团队稳定性、计划性和目的性，具有丰富经验的学术带头人、经费支撑、举办各类学术活动，提出了学术团队的功能协调机制、动力激励机制和共生机制三种运行机制。

德鲁克(Drucker)认为，团队是一些才能互补并为负有共同责任的统一目标和标准而奉献的少数人员的集合。他认为团队的核心是共同奉献，成功的团队将他们的共同目标影射为具体的工作要求、具体目标与整体目标有联系。

康旭东、王前、郭东明(2005)认为，科研团队有五个方面的本质特征：① 有特色鲜明的研究方向和明确的研究目标；② 成员间能够优势互补的科研群体；③ 成员彼此信任、尊重，能够充分发扬学术民主的研究群体；④ 领导者具有战略眼光和协调能力，促使整个团队和谐有序地运作；⑤ 持续产生新成果，尤其是重大科技成果的高效研究群体，并以此衡量科研群体。

张聪、朱莲花、杨连生(2017)认为，高校的科研团队指的是以学术研究与科技开发为目的，由技能、知识互补的跨学科多领域研究人员组成的科研组织形式。科研团队在高校的发展中起到至关重要的作用，大部分的科研工作由科研团队来完成，科研团队可以发挥科研育人的功能，通过学生培养、教师能力素质提升等方式提高高校人才培养的质量。

高彩娇、李秀霞(2020)提出，科研团队是同一研究单位中由研究人员在某一学科方向形成的科研群体，该群体以在相关学科方向上具有一定影响力的专家为学科带头人，群体的科研成果(发表的学术论文)具有合著关系。

本研究认为，团队是一种成员间关联紧密的有机整体，是一种高度一体化的特殊的高级群体。团队虽然也是一种群体，但群体更多的是一个人群概念，而团队则是一种具有实质内涵的有机体。科研团队的概念是由团队衍生而来的，一般定义为以科学技术研究与开发为内容，由少数的技能互补，愿意为共同的科研目的、科研目标和工作方法而相互承担责任的科研人员组成的群体。学术团队由来自不同专业或不同研究方向的知识分子组成，以学术课题为目标，因此它是知识团队的典型代表。

高校科研团队可以按照不同维度进行划分，按照在发展过程中形成的以基础研究或应用研究的不同，分为学术团队与项目团队；按照团队成员工作地理位置远近与采用的联系方式不同，分为集中式科研团队与分布式科研团队；按照团队成员组成不同，可以分为师生团队、教师团队；按照团队成员的专业结构、所属学科与擅长的科研领域不同，划分为学科团队、跨学科团队。[①]

总的来说，研究者们在对科研团队特性的认识上，比较重视学术团队的带头人。团队内部的关系问题引起了不少研究者的注意，因为要达到团队的目标就必须建立并维护一种相互协作、富有创造力的内部关系。

（二）与团队相关的基础理论

学术团队管理是管理者自身思维在管理活动中的具体表现。根据杨连生(2006a)对于学术团队管理做出的概念界定，学术团队管理指学术团队管理者根据自身管理思维和管理理念，将具体的管理方法运用到学术团队的日常运行当中，保证学术团队的政策发展和团队内成员的不断进步。郭晓利、郭平(2014)针对当前高校研究生团队创新不足的现状，构建基于 Wiki 的创新团队管理平台，提出"导师驱动型"、"学术领袖驱动型"、"兴趣驱动型"团队模式和"项目驱动型产学研合作"团队模式，对完善研究生创新团队自我管理机制等方面进行了深入研究。王军会等(2012)从团队目标、团队构成、团队领导、团队管理制度四个方面对研究生学习团队的高效构建进行分析。根据学者们的研究探讨，笔者整理出以下几个方面的理论：

1. 团队共享心智模式

工作效率高的科研团队通常是团队成员的通力合作和协同作战的结果，这种协同和步调一致是隐匿于科研团队内部和成员之间的一种默契，而这种默契是来源于团队成员对于复杂科研任务、不断变化的外部环境和成员之间学术专长的共同认知和理解。这种共同的认知和理解有助于促进科研团队的学术创新和知识创造，减少团队内部的矛盾和冲突，提高整个团队的绩效。Cannon and Salas(1993)把这种团队成员共同认知和理解称为团队的共享心智模式，并认为共享心智模式能够使团队成员对团队作业形成正确的解释和预期，进而统筹成员之间的行为方式以适应团队任务和满足其他成员的需要。

共享心智模式的概念被提出以后，国内外许多学者对共享心智模式的内涵和外延进行了扩展研究，如 Klimoski and Mohammed(1994)，Kraiger and Wenzel(1997)，Mohammed and Klimoski(2000)，吕晓俊、龙飞、戴昌钧(2007)，王黎萤、陈劲(2010)等。共享心智模式作为团队内部潜移默化的一种默契，对团队整体的创新绩效有正向的影响。

---

① 伍百洲、包健：《加强学术团队建设　促进学科持续发展》，《重庆大学学报》(社会科学版)2004年第4期，第158-159页。

2. 绩效管理

工作绩效是团队研究必须重视的问题。研究者们比较认同的衡量一个学术团队的工作绩效的主张是，衡量或评估科研团队绩效的最根本指标——创新性科研成果的质量和质量所表现出来的科技创新能力，或者说工作效率和创新数量。绩效对于大学科研团队而言，不仅仅是努力工作的结果，更多地显示了某一团队的运行状态及其整体实力，包括创新水平和科学研发的能力。绩效管理是提高团队工作成效的重要环节，而绩效评价则是实现绩效管理的主要依据。

在概念界定上，有学者认为绩效理论的出现标志着人力资源开发以“学习”为中心转移到以“绩效”为中心。绩效理论包括关系绩效和 PM 绩效理论，关系绩效是通过营造良好环境达到提升组织整体绩效的目的；PM 绩效中的 P(performance)指工作绩效，M(maintenance)指团体维系。创新团队就是一个组织，在这个组织中，不但要求团队成员完成自己负责的科研任务，也要求团队成员之间合作共同完成团队任务。所以个体绩效不能视为个体因素，应与组织因素相关联，如领导能力、合作能力、交往能力等也应当是绩效评估的重要内容。

史密斯(Smith)等人则根据管理学原理，强调团队绩效评价内容主要有业绩结果、集体工作成果和成员个人发展三个方面。王艳杰(2009)对大学战略内涵以及大学创新团队的内涵、职能和主要特征进行了概括，并以此为依据有效界定了战略性大学创新团队绩效的概念及其具体表现形式。在研究方法上，张喜爱(2009)以及王琳、冒广东、吴耀宏(2010)以研究型大学为例，借助层次分析法(AHP)构建出了研究生拔尖创新人才培养绩效评价体系。综合以上内容可知，学者们普遍使用定性理论进行分析，基本属于文献回顾型、个人陈述型以及经验总结型，采用实证研究和大规模的统计调查研究相对较少，表明这一领域的研究还有待提高。

学术创新是科研团队生存与发展的活力源泉，而科研团队成员的学术生命价值，只有在学术创新的探索追求中才能得以体现。创新的实现，依靠的是团队整体和团队成员的创造力。但是，在我们目前的科研团队绩效管理中，还没有形成可行的创造力评价模式。

同时，在看待科研团队的工作目标和组织绩效时，还应当注意如下几点：

第一，团队目标的动态性。一般来说，学术团队追求的目标和目的是科学研究、技术开发或人才培养，而科学研究的创造性和不确定性使其目标不可能在团队运行初期给予准确的定性和预设。团队目标是具有动态性的。

第二，团队绩效的潜在性。绩效管理在看重行为过程的同时更重视工作的结果，然而学术团队的成员大多是学有专长的专家，在他们身上蕴藏着无限的创造力，因而不能对他们的工作通过简单的量化来进行评价。特别是如果用商业团队的管理理念，很可能就会挫伤他们的积极性，使团队的潜在能量得不到应有的发挥。

第三，团队创新能力的重要性。发展应当成为学术团队绩效管理的重要目标。创新是学术发展的真谛，要提高大学学术团队的组织效能和学术生产力，就要高度重视开发学术团队成员的创新意识和能力。创新是学术团队最大的工作绩效，能够促进学术团队创新的绩效管理才是最好的管理。

可以看出，大学学术团队的绩效管理有其自己的特点，需要在绩效管理的内容和方法上进行创新。既要进行如同其他组织的绩效管理和绩效评估的一般程序，又要在绩效管理和绩效评估时，充分考虑上述特点。

3. 群体动力学

美国社会心理学勒温（Lewin）的群体动力学（group dynamics）是团队理论中最具有影响力的理论。该理论运用系统、动态、权变的观点，分析和研究了群体决策、群体内聚力、群体沟通与冲突、群体人际关系等因素和环境之间的相互作用以及群体对个体行为的影响。他通过研究共同目标下群体成员的互动合作，发现合作性群体有明晰的共同目标，群体中的个体能够在实现群体目标的感召下，互相信任、互相配合、和谐交流，表现出较强的工作欲望，工作效率要远远高出那些没有合作经历的群体。他认为群体总是动态的，个体与个体、群体与个体始终发生着相互作用。群体动力过程既是各种因素相互作用的过程，也是群体成员之间关系的变化和协调的过程。这种相互作用的效果表现为增值或者贬值两个对立的方面，也就是说群体动力是群体成员实现共同愿景和目标的精神力量的总和，但并不是群体原有动力的简单相加，它大于或小于简单的总和，其原因就在于群体成员之间存在相互作用。①

群体动力学理论从社会心理学的角度，对群体诸要素和环境之间的相互作用以及群体对个体行为的影响进行了深入、系统的概括。这一理论对团队的组建和运行奠定了以下几个方面的基础：

① Lewin K,"Frontiers in Group Dynamics Concept, Method and Reality in Social Science; Social Equilibria and Social Change,"Human Relations 1, no. 1(1947):5-41.

(1) 该理论提出,群体动力过程既是群体诸因素相互作用的过程,也是群体成员之间关系的变化和协调过程。团队的组建和运行就是群体动力的实现过程,也是协同增效过程。

(2) 该理论提出,当群体中的人际关系和谐时,人们通过群体实现共同愿景和目标的迫切程度就会变得强烈。成功的团队以和谐的人际关系以及共同的愿景和目标为前提和基础。

(3) 该理论提出,群体有诞生、成长和成熟三个阶段的成长过程,当群体发展到成熟期时,群体成员拥有平等性、合作性、相互信赖性、激励性、沟通性和竞争性六个鲜明的特点。这些特点是团队都应该拥有和具备的,也是团队能够成功运行的基础。

该理论对如何有效激发群体动力的研究,为团队的高效管理提供了科学、客观的依据和标准。

4. 领导力理论

进入 20 世纪,领导理论界将领导力定义为领导者的个人品质,领导特质理论就是在此基础上产生的,随着深入研究,又将领导理论的研究转向领导行为方面和环境因素方面。20 世纪 70 年代,伴随着新领导理论的诞生,研究者认为有效领导者必须具备健全成熟的人格特征,如身体特性、性格、智慧和才能、社会背景、工作特点、社交能力、驾驭力、自信、认知能力等。组织行为学理论指出,能力(ability)是个体能够成功完成工作中各项任务的可能性,由个体所具有的知识和技能转化而来,它是对个体现在所能做的事情的一种评估。而在团队配合中,研究学者都比较重视领导力,认为对团队的发展至关重要。每一种领导力的背后都有领导能力作为支撑,一些研究已经对领导力的具体要素进行了探讨。谢晔、霍国庆、张晓东(2013)对科研团队的团队领导力进行要素分析,认为其由科技感召力、科技洞察力、科技助推力、科技激发力和科技引领力五大要素构成,将科研团队分为机变型、关系型和品牌型三种领导力模式。简文祥、王革(2014)运用系统方法和比较方法综合分析了西方领导力理论,并将西方领导力理论分为精神—心理特质的领导力理论、领导力关键因素理论、领导力行为理论和领导力综合论,评述了各派理论的贡献和不足,并指出了未来领导力研究的内容和方法等。

5. 需要层次理论

马斯洛是美国社会心理学家、管理学家和人本主义心理学的主要发起者,他在《人类动机的理论》一书中提出了需要层次理论。这种理论是根据三个基本假设构成的，首先，人要生存，人的需要能够影响其行为，且只有未满足的需要才能影响人的行为。其次，人的需要按重要性和层次性排成一定的次序。最后，当人的低层次需要得到满足后才会追求高一层次的需要，如此逐级上升，成为推动人们继续努力的内在动力。马斯洛提出需要的五个层次按从低级到高级显示为生理需要、安全需要、社交需要、内部尊重、外部尊重、自我实现需要。从激励的观点来看，需要层次理论对团队领导者如何有效调动队员的积极性有启发作用。要完成一些具有前沿性、创新性的课题，往往需要集中很多科研人员的智慧，需要科研团队的联合、科研团队成员集思广益共同研究，才更有可能超越个体思维的盲点和缺陷。人是不断追求满足的生物，真正的驱动力在于满足与非满足之间，只有满足那些不满足的需要才能获得激励作用。所以，在团队建设过程中，根据马斯洛的需要层次理论，如果想要激励队员，我们就要知道他处于哪个层次上，接着去满足这些需要及更高层次的需要。先保证团队成员低级需要的满足，适时引导其向着更高的需要层次奋进，在有效协调基础上激励团队成员的积极性。

三、绩效评价理论

（一）组织绩效评价的基本概念

组织绩效评价是管理者运用一定的指标体系对组织的整体运营效果做出的概括性评价。该理论是组织管理中的一个重要组成部分，作为组织管理中的重要工具，绩效评价可以为不同身份、不同层次的管理者服务。即组织内部高级管理者可以通过组织绩效评价的方式对下级进行评估和考核，引导下一级部门向着管理者制定的组织目标前进；下级部门可以通过绩效评价的结果发现自身的不足，不断朝着更好的方向改进；外部投资者可以根据绩效评价的结果考核整个团队或者组织的业绩，确保自己的利益不会受到损害。

（二）组织绩效评价系统的构成要素

组织绩效评价系统属于组织管理控制系统的一部分。它与各种行为控制系统、人事控制系统共同构成组织管理控制体系。组织管理控制体系是组织战略目标实现的重要保障，由于每个组织战略目标有其特殊性，所以，有效的绩效评价体系在各团队或者组织中的表现各不相同。但是，作为实现战略目标的通用工具，各组织有效的绩效评价体系具有同质性。绩效评价系统作为组织管理控制系统中一个相对独立的子系统，一般由以下几个基本要素构成：

1. 评价主体

评价主体包括组织投资人、资产所有人、经营管理者、政府部门以及其他的利益相关者。

2. 评价客体

评价客体包括整个团队或者组织、部门、经营管理者、普通员工。

3. 评价目标(包括评价指标和评价标准)

评价目标是绩效评价系统的指南和目的，它决定了评价指标的选择、评价标准的设置、评价方法的确立和评价报告的编报。评价目标从定性和定量两个维度又分解为评价指标和评价标准，评价指标反映评价目标的具体内容，评价标准反映评价目标的具体水平。评价指标和评价标准相互影响，评价指标和评价标准是形成评价方法的基础，其类型的选择会影响评价方法的确立。

4. 评价方法

评价方法不仅是对评价指标和评价标准的具体运用，而且是对实际业绩是否达到评价目标的判断过程和处理过程。

5. 评价报告

评价报告是整个绩效考评系统的输出信息，是对绩效评价系统其他要素的最终反映和综合体现。当然，评价报告的深度、广度与可信度，要取决于评价指标、评价标准和评价方法的科学性。

（三）组织绩效评价原则

绩效评价是绩效管理的重要组成部分，是管理者与被管理者之间在组织目标与如何实现组织目标上达成共识的过程，是激励被管理者为实现组织目标奋发向上、争先创优的有效管理方法。在绩效评价中，应遵循以下原则：

1. 过程公开的原则

绩效评价的目的在于启动激励机制，激发工作人员的工作热情。因此，绩效评价的各项过程、各个环节必须向工作人员公开，其中包括：绩效评价的内容和等次、评价的方法与程序、评价的目标与标准、评价的结果与使用、评价的机构与职责等。只有让工作人员熟悉上述情况，才能使其焕发出力争上游的责任感、紧迫感和危机感，使绩效评价达到理想和目标的同一性。严密公开的评价管理体系，必然激励全体员工尽心尽力塑造团队或者组织的完美形象。

2. 有据可依的原则

绩效评价切忌模棱两可的字眼，要尽量使评价指标清晰明确，能量化的尽量量化，不能量化的也要明确评价的原则，做到有据可依。

3. 记载翔实的原则

绩效评价是一项系统工程。对本单位开展的一些重大活动，如集中学习、公益活动、参观集会等，各主办部门必须对参加人、缺席者有翔实的记录，并及时上交考核部门备案，作为年终对员工综合评价的依据。如果部门之间各自为战，缺乏整体配合，要么缺乏记载，要么记载之后束之高阁，年终评价时缺三落四，则对职工缺乏应有的公正。

4. 双向监督的原则

绩效考核主管部门和员工之间的考核、监督与评价必须是双向的。只有双向监督，才能使员工深切地感到，组织上随时都在考核自己、监督自己，要严于律己，积极奋进；只有双向监督才能使绩效考核主管部门体会到，员工们随时也在监督自己、评价自己，从而出以公心，公平公正，并自觉接受员工的监督，做好本职工作。

5. 反馈修正的原则

绩效评价的目的在于促进人力资源管理，提高员工的整体素质，激励员工积极地完成阶段性目标并实现全年总体工作目标。因此，绩效评价并非年终算账。其最佳途径应该是平时考核有记载，季度考核有测评，年终考核有评价。对每季度的考核，主管领导对下属的工作如果提出改进意见，主管领导或主管考核的工作部门应及时向当事人反馈情况，以便于及时调整和修正工作中的不足和缺憾，避免“当事者迷”“小错不改，铸成大错”，使工作沿着健康的轨道良性循环。当然，在绩效考核中，由于年终的评价具有广泛性、最具说服力，年终的绩效考核应作为绩效管理的重要方面。

6. 公正评价的原则

绩效考核工作，平时考核是基础，年终考核是关键。因此，年终绩效考核评价必须具有广泛性，才能体现出客观、公平、公正。公正的评价主要表现在三个方面。一是每个季度的综合测评分。二是个人全年中的主要工作政绩分解为分数之和，包括先进荣誉称号、调查研究成果、集体主义观念、信息宣传状况等。三是以当事人为轴心，对其进行 360 度的评价，包括本人、上级、同事、下属、服务对象等分别对自己的评价。对上述各项分数之和，按照分数的排序，即分出了绩效考核的等级。

7. 奖惩挂钩的原则

实践表明，绩效评价必须与奖惩挂钩，否则必然挫伤员工的积极性。在奖惩挂钩中，要注意把握好三个环节。一是奖项的额度要适当。既体现出表彰先进的激励作用，又不至于激起大的波动。二是奖赏要及时兑现。抓住契机公布绩效考核结果，对于完成新一年的工作将起到促进作用，时过境迁的奖赏将失去绩效考核应有的魅力。三是个人的奖惩要与团队的奖惩相结合。

（四）组织绩效评价的理论基础

组织管理涉及很多的方面，比如职员管理、生产线管理等，组织要根据自己的实际情况制定合理的绩效评价制度。在制定绩效评价制度的过程中，往往要以一定的理论为基础，如表 2-2 所示。

表 2-2　组织绩效评价的理论基础

理论基础	意义
委托代理理论	是团队或者组织绩效评价的直接动因，也是团队或者组织绩效评价的核心
利益相关者理论	使团队或者组织绩效内涵得到了丰富和发展，为实现团队或者组织的战略发展奠定了基础
战略管理理论	是组织绩效评价追求的目标，也是不断完善组织绩效评价体系的根本要求
系统管理理论	为团队或者组织绩效评价体系的建立提供了理论指导和技术支持，以利于评价系统的规范发展和完善
权变管理理论	指导组织绩效评价体系不断改革完善适应经济发展，以保持评价体系的先进性和有效性
组织行为理论	为组织绩效评价激励和调动人的积极性给予了理论支持，力求评价体系应用和发挥更大的激励约束作用
全面预算理论	是实施团队或者组织绩效评价的前提，为实现团队或者组织战略绩效评价提供了保障
激励理论	实现了团队或者组织绩效评价的最终目标，建立了激励约束机制，以达到企业价值最大化的目的

注：参见陆庆平：《企业绩效评论》，中国财经出版社 2006 年版，第 72-91 页。

（五）建立组织绩效评价体系的意义

（1）组织绩效评价是管理者完成其利润目标和战略的工具。绩效评价系统能够使管理者平衡利润增长和成本控制之间的矛盾，平衡不同群体之间期望值的矛盾，平衡机会和注意力之间的矛盾，平衡不同激励机制之间的矛盾，有利于提高组织管理的质量和水平。

(2) 通过连续的绩效评价可以检测组织的发展状况，把握组织当前的总体情况，使组织扬长避短，结合自身情况制定合理的改进方法，树立更高的发展标准，并且采取更有效的方式和措施提高自身的竞争力。

(3) 建立和推行组织绩效评价体系，科学地评判组织经营成果，有助于正确引导组织的经营行为，帮助组织寻找经营差距及其产生的原因，促使组织加强经营管理，提高经济效益。同时也为各有关部门对组织实施间接管理、加强宏观调控、制定经济政策和考核组织经营管理者业绩提供依据。

(4) 有利于促进企业建立激励和约束机制。企业可以建立相应的奖惩机制，对于绩效考核成绩优异的成员实施一定的奖励，对于绩效考核成绩不理想的成员进行相应的惩罚，以刺激成员不断努力工作。

四、系统协同理论

系统论是反映事物客观规律和科学研究思想方法的理论，它认为世界是系统与系统的集合。德国斯图加特大学教授、著名物理学家哈肯(Haken)于 1971 年提出协同论(synergetics)亦称“协同学”或“协和学”，1976 年他系统地论述了协同理论，发表了《协同学导论》，还著有《高等协同学》等。他采用统计学和动力学相结合的方法，通过对不同领域的分析，描述了各种系统和现象中从无序到有序转变的共同规律，以及不同事物的共同特征及其协同机理。哈肯用协同学理论阐明系统中子系统出现协同运动的条件和规律，这对于我们研究创新系统的协同有很好的指导作用。

(一) 协同效应

协同效应是指由于协同作用而产生的结果，是指复杂开放系统中大量子系统相互作用而产生的整体效应或集体效应。在协同学中，哈肯把协同定义为系统的各部分之间互相协作，使整个系统形成微个体层次所不存在的新质的结构和特征。对千差万别的自然系统或社会系统而言，均存在着协同作用。任何复杂系统，当在外来能量的作用下或物质的聚集态达到某种临界值时，子系统之间就会产生协同作用。在这种作用下，系统在临界点发生质变产生协同效应，使系统从无序变为有序，从混沌中产生某种稳定结构。协同效应同时也说明了系统自组织现象的观点。

(二) 伺服原理

伺服原理用一句话来概括，即快变量服从慢变量，序参量支配子系统行为。

系统内部稳定因素和不稳定因素之间相互作用，构成了系统的自组织的过程。伺服原理本质上规定了临界点上系统的简化原则：快速衰减组态被迫跟随于缓慢增长的组态。正如协同学的创始人哈肯所说，序参量以"雪崩"之势席卷整个系统，掌握全局，主宰系统演化的整个过程。

（三）自组织原理

自组织是相对于他组织而言的。他组织指组织指令和组织能力来自系统外部，而自组织则指系统在没有外部指令的条件下，其内部子系统之间能够按照某种规则自动形成一定的结构或功能，具有内在性和自生性特点。协同论的自组织原理告诉我们，任何系统如果缺乏与外界环境进行物质、能量和信息的交流，其本身就会处于孤立或封闭状态。因此，系统只有与外界通过不断的物质、信息和能量交流，才能维持其生命，使系统向有序化方向发展。如果一个管理系统内部，组织、人、环境等各子系统内部及其之间相互协调配合，共同围绕目标齐心运作，那么就能产生 1＋1＞2 的协同效应。反之，如果一个管理系统内部冲突或摩擦、相互掣肘、离散，就会造成整个管理系统内耗增加，系统内各子系统难以发挥其应有的作用与功能，致使整个系统陷于一种混乱无序的状态。

（四）社会协作系统理论

社会系统理论的创始人是切斯特·巴纳德，他认为组织是一个协作的系统。一个企业内部的各个部门或子系统是较低级的系统，由许多系统组成的整个社会是高级的系统。社会系统理论所讲的社会协作系统，指的是正式组织①，协作系统包括协作的意愿、共同的目标和信息联系。协作体能否长期存在与发展取决于三方面的因素：协作体目标能否适应环境的变化、协作体的效果、协作体的效率。有效果而无效率或者有效率而无效果的协作体，都不能长期存在并发展。共同的目标是达成协作意愿的必要前提。共同的目标是众人努力的方向，当每个人都为共同的目标而努力时，组织的意志就成为参加者的意志，并成为个人支配其行为的行动准则。共同目标必须尽量地体现个人意志，个人意志被充分满足时，共同的目标才真正地具有凝聚力。对于团队来说，共同目标可以激发出团队内部的潜力。目标支持并发起整个团队的运行流程，是团队生命力和活力的源泉，也是团队奋斗的理由。要认识到个体与团队作用的不同，以

① 朱江：《巴纳德和社会系统理论》，《管理现代化》1992 年第 4 期，第 46-47 页。

激发和维持成员协作的意愿，从而达到团队建设的高效统一。解学梅、吴永慧(2013)认为组织协同创新文化的知识共享、组织创新氛围、组织变革、协同决策对创新绩效有显著的正向影响；凝聚力对协同创新文化与创新绩效两者关系起到调节效应。协同机制在知识创新过程中越来越表现出突出的作用，吴杨、苏竣(2012)构建了科研团队知识创新系统，论证该系统具有复杂系统特性，结合协同学思想建立了科研团队知识创新体系的协同机制应用模型，并对其静态特性和动态效应进行了分析。

第二节　文献综述

一、研究生拔尖创新人才培养的相关研究现状及评述

北京教育科学研究院组编的《创新人才培养与教育创新发展》一书，以“创新人才培养与教育创新发展”为主题，以“创新人才培养与考试评价改革”“创新人才培养与学校改进”“‘双一流’建设与高等教育创新发展”为分主题，讨论与创新人才的培养、学校改进、高等教育改革等有关的问题，希望对推动我国教育创新发展与创新人才战略性资源的培养提出可靠意见。[①] 创新人才的培养是一个复杂的工程。创新人才，指具有创新能力，能够对社会做出极大贡献的人才。研究生创新人才的培养离不开对创新教育的关注，创新教育理念从培养创新人才出发，对教育事物的本质特征和规律做出了理性认识和判断，着重培养学生独立分析判断能力、创造能力和自主学习的能力。

目前国内外对拔尖创新人才培养的相关研究如下：

（一）拔尖创新人才的能力构成研究现状

创新能力最初在管理学领域出现，之后，学者们分别从管理学、经济学、心理学等不同的角度对创新能力进行了概念界定。有学者认为创新能力主要是一种智力品质，认为创新能力的主要表现形式是创新思维。也有学者认为创新人格是引起创新能力产生的深层次原因。

吉尔福特(Guildford)的研究引发了人们对创新能力这一领域的探索。学术界认为，创新能力通过创造性认知活动的结果即创新性成果来界定，他认为

---

① 北京教育科学研究院：《创新人才培养与教育创新发展》，北京师范大学出版社 2017 年版，第 6-7 页。

发散性思维是创新思维的重要体现。美国心理学家托兰斯(Torrance)是继吉尔福特之后的创造力研究专家。20世纪50年代末以来,托兰斯的创造力观点更侧重创造的过程,认为创造性思维是一种特殊形式的问题解决方法,创造力就是创造性解决问题的能力。他认为好奇心、探究精神、创造力都是人类的天性,因此人人都有创造的可能性。

杨卫(2007)认为,具有合理的知识结构、较强的创新与实践能力、良好的非智力因素,是拔尖创新人才基本的素质特征。

卜祥云、蔡翔(2008)以及卜祥云、唐贵伍、蔡翔(2008)认为,高校拔尖创新人才能力特征主要表现在:知识渊博、个性突出、善于创新、开拓进取、追逐卓越、实现自我、苛求认同、期望尊重几个方面,在此基础上提出高校应该建立以胜任力特征为核心的绩效薪酬模式。

林崇德(2011)从心理学的角度指出,自然科学创新人才的重要心理特征主要包括内部驱动的动机形式、面向问题解决的知识构架、自主牵引性格、开放深刻的思维与研究风格、强基础智力等五个因素;哲学社会科学和艺术领域的创新人才,与自然科学创新人才相比,心理特征突出表现在人格方面。

郭宇航等(2014)认为,科研训练不但可以培养学生的创新意识与创新思维、挖掘创新潜能、拓宽知识面,还能提高专业素养以及团队协作能力。科研训练能提高学生学习的积极性和主动性,是培养拔尖创新人才的有效途径之一。素质是人的先天的解剖生理特点,主要是感觉器官和神经系统方面的特点,它可以在社会实践中逐步发育和成熟起来。综合素质应是它的总和,即各方面素质于主体"人"的外在反映。

如何有效地提高研究生拔尖创新人才能力培养的效果是一项非常复杂的工程,需要考虑高校、教师等各种影响因素。经研究发现,不同的学者对影响研究生拔尖创新人才能力的因素做出了不同的阐述。

姜友芬等(2005)认为,导师队伍是影响研究生拔尖创新人才能力的根本性因素,并具体从导师遴选和评估的制度因素、导师的主观能动性因素以及导师的客观制约因素分析导师队伍的作用。他们认为,研究生的入学选拔制度是否合理,导师日常工作中对学生要求的严格与否、指导是否充分,师生比、导师年龄结构等,在研究生拔尖创新人才能力培养的过程中具有非常重要的影响作用。

冯锦丽、吕振中、刘瑛(2006)建立了区间值模糊集的综合评判的数学模型,研究生素质的综合评价指标设为知识积累、创新能力、组织能力、道德品质、身心素质，从而实现对研究生能力的合理评判，但由于方法计算量较大，还需进行改进。

张庆一、贺颖（2007）通过分析我国研究生教育的特点，提出了研究生综合素质评价体系的建构应遵循方向性、科学性、定性与定量相结合以及相对评价与绝对评价相结合等原则，并对研究生综合素质评价体系多元模型的建构进行了探索，主要包括政治思想与道德品质、法制观念与时代意识、学习态度与科学精神、课程学习与科研能力、学位论文、文化素质与社会责任感、身体素质与心理素质、生活态度和自我定位等。

张建林（2008）将创新能力的内涵界定为：创新能力就是指个体运用已有基础知识和可以利用的材料，通过相关学科的前沿知识的运用，有所突破、有其独到见解，开展创造性活动的能力，其具体表现为产生某种新颖独特、有社会价值或个人价值的观点、思想、方法和产品的能力。他还针对不同的类型和原因对基于创新能力的培养机制改革问题进行了探讨，根据创新能力难以上升的原因，提出了三种典型的研究生培养机制，即纵向一体化（深化原始创新能力）、横向一体化（加强集成创新能力）、纵横联体化（引进消化吸收再创新能力）。

马一博（2010）运用马兹罗的创新能力表现形式分类理论，对经管类研究生拔尖创新人才能力表现形式进行分类，分析影响经管类研究生拔尖创新人才能力的因素，通过建立创新能力指标体系对经管类研究生拔尖创新人才能力进行评价。

车诚等（2011）结合社会与企业对研究生所需具备的综合能力的要求，建立了研究生综合能力评价指标体系，提出了综合运用模糊专家分析法、模糊层次分析法和模糊排序法来降低评价主观性的测算方法。

关华、邵华欣、汪寿阳（2011）结合中科院数学院的实际，提出拔尖创新人才的能力应包括：掌握本学科坚实宽广的基础理论和系统深入的专门知识的能力，独立从事科学研究工作的能力，在科学研究和专门技术等方面做出创造性成果的能力。

吕红艳（2013）认为博士研究生拔尖创新人才能力可表现为两种形式：内隐的创新特征（个体特征）和外显的创新能力（创新成果）。

李祖超、张丽（2014）通过结构方程模型探讨科研实践对理工科研究生拔尖创新人才能力的影响路径，认为导师科研指导和科研团队氛围会正向影响创新能力。

杨连生、钱甜甜(2015)通过对人文学科研究生基础能力和关键能力两个维度的学术能力研究,提出思辨与创新能力、学术技能与整合能力、专业阅读与诠释能力、学术敏感与问题意识、学术体制与视角转换能力五个要素,并认为学习动机、学术自我认知亦对学术能力养成产生影响,从人文学科研究生学术能力的构成入手提出培养途径。

徐吉洪等(2016)从心理学、经济学、教育学等多种学科的角度探讨了研究生拔尖创新人才能力的内涵,并在此基础上对创新能力指标体系进行初步探讨。

陈权等(2017)基于人才素质理论,在文献分析的基础上,采用头脑风暴法和德尔菲法,建构了包括人格(个性)、创新、情商、领导力和管理及科学五大方面素养的结构框架。

对创新能力构成要素的研究主要有四种观点:单因素说、双因素说、三因素说和综合因素说。“单因素说”认为创新能力本质上是一种智能;“双因素说”认为创新能力由智力因素和非智力因素构成;“三因素说”认为创新能力不仅包括智力因素和非智力因素,还应包括知识结构;“综合因素说”认为创新实践、创新技能等也是构成研究生拔尖创新人才能力的重要因素。心理学上把创新能力看作是一种智力特征和内在素质的结合,是智力因素与非智力因素的总和。表2-3是拔尖创新人才能力构成要素及内涵方面有关学者的总结。

表 2-3 拔尖创新人才能力构成要素及内涵

名称	学者	内容
创新性研究生具备的关键心理品质	王永斌等(2006)、吴瑞林、王建中(2013)	风险承担意识、创新自我效能感、发散性思维能力、创新的自主动机以及团队合作精神
创新能力四因素	董泽芳、何青、张惠(2013)	建构知识能力、发现问题能力、解决问题能力和提升转化能力
创新能力特征	朱红、李文利、左祖晶(2011)	行为特征、思维特征、知识体系和人格特征
研究生拔尖创新人才能力构成要素	李未(2009)、徐吉洪等(2016)	创造思维、创新人格、知识结构、创新实践、创新成果
拔尖创新人才	远梦妮(2017)、梁冰洁(2020)	具有创新精神和能力,怀有社会责任感和“工匠精神”,强健的身体素质、完善的人格、扎实的专业知识、能够为国家发展做出重大贡献,在本国或世界范围内领先的带头人和杰出人才

由于对研究生拔尖创新人才能力的内涵和构成要素在学术界并没有一个公认的界定，因此，在评价研究生拔尖创新人才能力的标准上也存在模糊性和差异性，不同学者对创新能力所包含的因素持有不完全相同的观点。目前，创新能力被普遍认为是诸多因素共同影响的结果。概括而言，一方面是智力因素包括专业领域相关的知识和能力、智力能力、思维认知风格等，另一方面是非智力因素包括创新意识、独立性、冒险性、个人精力、好奇心、洞察力等一系列人格特征，全神贯注、精力充沛的工作作风，能够承受失败等良好的心理素质，以及社会环境因素等。在两方面的作用下，呈现出研究生思维特征、人格特征、行为特征和知识体系的不同，能力的呈现也有区分。

（二）研究生拔尖创新人才培养相关研究现状

研究生拔尖创新人才的培养受多种因素的影响，很多学者从多个方面对研究生拔尖创新人才的培养进行了研究，归纳起来主要包括如下三个方面。

1. 培养模式改革和创新方面

曲永岗（2001）认为应采用动态跟踪法，彻底打破标准化、模式化的培养方式，切实体现目标管理与过程管理相结合的原则，广泛开展研究生拔尖创新人才能力大赛和优秀硕、博论文评选等活动，对在科技创新活动中做出突出贡献的研究生给予一定的物质奖励和深造机会。孙宇（2007）认为要改革原有教育理念，建立研究生的自我激励机制，通过培养研究生的创造积极性，鼓励他们的逆向思维和勇于质疑、探索求异的学术精神。袁本涛、延建林（2009）做了三次较大规模研究生教育质量调查，结果显示我国研究生拔尖创新人才能力尤其是原创能力较差，主要表现为：创新意识较差、参与创新研究机会较少、有影响的创新成果不多。究其原因，主要在于教育体制、物资投入、研究生自身原因。他们认为可从国家层面深化研究生教育体制改革与制度创新，从学校层面改善研究生的管理制度和培养模式，从学生层面提高自身创新素质等方面努力提升研究生的创新能力。宋晨晖、王悦芳、朱玉山（2006）认为目前我国研究生创新教育在教学质量、教学体系、导师水平、研究生生活与就业压力、研究生管理上面临着诸多问题。他们以南京大学为例，在管理体系、培养方式、学术环境等方面提出研究型大学创新人才培养的方法。王永斌等（2006）认为只有不断进行研究生教育改革和创新，以创新教育观念为先导，以改革教学模式为基础，营造知识和科技创新的文化氛围，才能使拔尖创新人才脱颖而出，并提出拔尖创新人才应该具有扎实的专业基础知识、具有较强的获取知识的能力、具有较强的综合相关知识进行应用研究的能力、具有开拓创新精神和初步的创造能力、具有团队精神，具有沟通、组织、协调、合作能力。李未(2009)根据北京航空航天大学的实际情况，提出了“拓宽基础、瞄准前沿、构建团队、自主创新”的研究生教育方针，并针对研究生的不同类型和特点，提出了培养具有开展基础研究和应用基础研究能力、具有开展重点工程项目研究能力、具有领军和领导潜质的三类研究生拔尖创新人才培养模式。关华、邵欣、关寿阳(2011)阐述了中科院数学与系统科学研究院在培养拔尖创新人才方面实行的举措，包括联合中科院研究生院招收试验班，与多所高校联合创办“华罗庚班”等。刘艳清、张作岭、刘天浩(2012)认为研究生拔尖创新人才能力是以提高研究生的创新意识、创新思维、创新精神、创新能力为主要目标的综合性能力；对研究生拔尖创新人才能力的培养是以培养研究生创新品质和创新能力为基本价值取向，通过一系列的创新实践活动，将研究生培养成社会需要的高层次创新型人才。陆一、史静寰、何雪冰(2018)归纳出“强选拔—封闭特区式培养”、“强选拔—半开放式双重培养”和“弱选拔—开放闯关式培养”三种选拔与培养类型的二维分类体系，以及相对应的“精英学院”、“专业院系”和“校级育人平台”三种不同责任主体的人才培养项目，由此构成的理论化矩阵模型囊括了中国高等教育现实中各种拔尖创新人才培养模式。

2. 导师和环境建设方面

钱存阳(2004)认为，我国研究生拔尖创新人才能力的发展主要受到研究生教育近亲繁殖、管理纪律松散、导师队伍建设不太合理的影响，所以在研究生教育中要改革招生制度和培养方式，加强导师队伍建设，严格论文管理。何德忠、方祯云、张素荷(2004)认为导师作为研究生踏入科研领域的启航人，其学术道德、学术造诣、学术修养无不对研究生成长起着重要影响。高水平的导师队伍是培养创新人才的前提，导师对研究生的创新意识和创新活动有着引领作用，是提高研究生创新欲望和能力的关键因素。因此，就导师自身而言，应加强其科研素质的培养和传、帮、带意识的提高。另外，要把真正优秀的中青年教师遴选到导师队伍中来，切实落实好导师负责制、备案制，鼓励、支持导师大力开展科学研究工作，注重导师队伍的培养和提高，及时总结推广导师培养研究生的好做法、好经验，鼓励建立优秀导师团队。蹇兴东(2007)认为必须建设有利于培养研究生拔尖创新人才能力的良好环境：改变原有的考试方式，注重对具有创新能力人才的选拔，积极创造一个有利于吸收创新潜质人才的“入门”环境；营造浓厚的学术氛围，创造浓郁的科学素养、人文精神、宽松自由的学术交流环境,使研究生在宽松的环境下学习;鼓励研究生的研究兴趣,努力提供充分的研究机会,充分发挥研究生的创新潜能,为研究生营造自由宽松的科研环境。叶赋桂(2011)认为拔尖创新人才的培养主要依靠研究生教育,培养拔尖创新人才最重要的是要发现具备拔尖创新人才潜质的学生,研究这类人才的能力特质是必要的;提出应遵循人才成长规律,创造有利于人才成长环境和制度等培养理念。杨兴林(2013)认为本科教育是研究生教育的重要基础,是拔尖创新人才培养的关键。研究生创新人才的培养是新时代经济发展、实现科技创新、知识创新的客观要求;而提高研究生科研创新能力,是实现研究生创新教育的根本,同时也是国家人才培养以及国际经济竞争的客观要求。孙维、马永红(2019)以团队研究理论、融合理论和共同点理论为基础,分析了跨学科博士生培养过程中经历的初步融合阶段、深度融合发展阶段和融合转化阶段及其实施策略,构建了基于团队研究模式的跨学科博士生培养模型。

3. 学科和课程建设方面

黄飞跃(2004)认为研究生拔尖创新人才能力培养的基础是设置结构合理的学科、专业。何德忠、方祯云、张素荷(2004)学者则进一步指出学科是学校科学研究和人才培养的基本单元,学科水平是展现学校整体水平的重要标志,必须以学科建设为龙头来培养创新性人才。钱存阳(2004)指出,要加强基础学科建设,强化基础理论,明确带头学科的导向作用,发挥学科之间的协同优势,优化学科结构,创建精品课程,避免与大学课程重叠,提高研究生培养效率。陈花玲等(2005)认为研究生拔尖创新人才能力的培养必须统筹于学科建设,整合研究生教育资源、拓宽其知识结构,以利于不同学科、不同知识背景的研究生有效实现知识、能力方面的交叉与融合,从而提高其创新能力。这些都说明了学科建设对拔尖创新人才能力培养的重要性。李刚、洪艳、赵春晖(2007)认为当前中国的研究生教育课程设置不合理,研究生的课程设置基本上是沿用本科课程设置方法,没有真正体现"研究"的内容,在课程设置上能体现学术前沿领域的课程很少,涉及学科交叉、学科融合的课程则更少。这就对培养研究生拔尖创新人才能力提出了更高的要求,即构建有利于学科交叉的课程体系,鼓励跨学科招收研究生,注重学科知识交叉与学术交流。康重庆、董嘉佳、曹海翔(2011)以电气工程学科人才的培养工作为依托,提出培养研究生拔尖创新人才应将基础研究与应用研究并重、营造浓郁的学术氛围以及瞄准学科前沿等措施。陈新军等(2020)开展了交叉学科研究生拔尖创新人才培养模式探索,并提出交叉学科联合培养模式是培养科技创新人才的有效途径,是提高人才培养质量、营造良好学术氛围的有效途径之一。

综上所述，创新人才的培养，是培养具有创新意识、创新精神和创新能力等，并且能够产出创新成果的人。创新意识和创新精神是创新人才的文化之魂，是解决“为什么做”这个问题的来源，是奉献科学、追求真理的精神动力。创新能力来源于创新意识和创新精神，是在创造性解决问题的过程中培养出来的综合能力，包括发现问题、提出问题的能力，设计和提出解决方案的能力，综合分析评价能力，等等。研究生创新人才，是指那些善于发现问题和追求真理精神的研究生，能够运用已有理论和研究方法去探索、研究和解决本学科领域的历史或现实的问题。

二、研究生个人能力素质相关研究现状及评述

（一）能力素质研究

库兵（1986）认为，能力通常来讲是指一个人圆满完成一项特定的工作任务时所需的主观条件。赵宾（1997）从哲学入手，认为能力是人们在认识和改造客观世界活动中发挥主观能动性时体现出来的行为方式、心理特质和本领。

美国的McClelland是能力素质运动发起者，他认为能力素质是从第一手材料获得，对工作成绩产生直接影响的个人情况和行为方式。在其之后的很多专家学者都对能力素质进行了不同的界定表达了自己的看法。

郑学宝、孙健敏（2005）认为，对于研究生群体而言，能力素质可理解为其进入社会后适应工作与生活所需的行为特征与心理特质。

陶晓霞（2007）认为，所谓能力素质即在工作中可以观察到与工作中突出表现直接相关的相对稳定的个人特征。其中，知识、技能更易于学习塑造，它们是培训及发展的重点；而自我概念、特质及动机是经由长期积累形成的，是人员筛选的重点。

葛华勇（2013）提出能力素质是判断员工能否胜任某项工作的起点，是决定并区别绩效好坏差异的个人特征，各种不同的能力素质相互组合，共同构成了人才个体特有的能力素质结构。一般来说，能力素质主要分为知识、技能和品质等三个方面。

邓秋南（2019）认为能力素质是个人自身特有本质能力，人与人之间在知识、技能、动机、价值观等方面区别的重要标志，是个人在某项工作中的优秀表现与绩效平平者区分开来的重要特征。

综观国内外对于能力素质的研究成果，虽表述各有不同，但存在着诸多共性，概括起来，能力素质大体可表述为表现于人的行为，存在于深层次的内在特性，包含知识、技能、价值观等在出色完成特定工作时所需的各种要素。

（二）能力素质模型研究

能力素质模型的构建最早见于美国心理学家 McClelland 1973 年发表在《美国心理学家》杂志上的《测量胜任力而非智力》，之后被我国林泽炎、王继承、彭剑锋等学者介绍到国内，并得到进一步的推广。构建素质模型是从组织战略发展的需要出发，以强化竞争力、提高实际业绩为目标的一种独特的人力资源管理的思想方式、工作方法和操作流程。

娄玮瑜、钟建安、段锦云（2009）提出基于职业发展的大学生核心素质模型是对大学生必备核心素质的初步探讨。以某重点高校为个案，在文献分析和访谈数位相关专家的基础上得到大学生核心素质（行为），包括行为指标描述及其对应等级分数、核心素质的定义等。对优秀和一般两组多名毕业生进行行为事件访谈，编码分析后得到大学生核心素质初步模型三个维度分别是人格、能力和知识，包括踏实、学习发展、领导力、自信、人际交往、口头表达、坚持性和成就导向八项二级指标以及二十四项具体的素质特征。

张欣（2010）对大学生能力素质现状以及所面对的竞争要求进行研究，分析导致大学生学问高、能力低的原因，并从教育制度角度，分析能力素质教育的重要性和相应的解决办法。

文武（2019）认为，能力素质模型是指担任某一特定任务角色所需的胜任特征的总和。能力素质模型研究是人力资源管理理论和实践研究的逻辑起点，如今已成为人力资源管理的重要工具，以此来提升人才竞争力，提高个体工作业绩。

目前，国内有关高校学生能力素质模型研究主要用于学生能力评价，其中，个体特征、知识结构和综合技能是评价中用到较多的方面，也有直接将德、智、体三方面的一级指标作为评价基础的研究。但是，本研究认为单纯从学生个体角度对其能力素质评价是不全面的，应从个体和团队或者组织结合的视角来分析才更全面。

三、研究生拔尖创新人才能力评价研究现状及评述

近几年，随着国家创新体系的构筑与高等教育的发展，提高研究生的教

育质量成为学位与研究生教育的紧迫课题和时代的强音，培养研究生的"创新意识、创新能力、创新精神"已成为提高研究生素质的核心。然而，研究生拔尖创新人才能力的培养是一个系统工程，研究生素质教育的目标实现依赖于有效的、系统的评价与方法。研究生拔尖创新人才能力通过多种能力影响所形成，是创新意识、创新思维等能力的综合展现，并且受到了多种因素共同影响。

龙建成(1999)构建了大学生素质评价的五大模块，包含身心素质、专业理论素质、思想道德素质、文化素质、实践能力和创新精神，并将评价体系分为优、良、中、差四个标准。

夏怡新(2001)认为，审美意识评价、身心素质评价、智能素质评价、创新和实践能力评价、政治思想评价、个性发展评价等可作为综合评价的主要成分。

臧兴兵、赖小莹(2007)认为，应试教育的积弊、高校扩招引起的"稀释效应"、高校行政权力远大于学术权力和浮躁的社会风气是制约研究生拔尖创新人才能力发展的四大因素。

姜友芬等(2005)认为，导师队伍是影响研究生拔尖创新人才能力的因素中最重要的因素，并从导师的遴选制度、导师的创新能力水平以及导师的客观因素三个方面分析了研究生拔尖创新人才能力培养过程中导师的作用。

刘学伶、白仲航(2007)认为，学生综合评价的一级指标有六项，分别为身心素质、思想道德素质、人文素质、组织实践能力和科技创新能力，且依据一级指标分解二级指标，通过赋予各级指标权重实施评价。

王得忠、胡荣(2007)认为，环境在研究生拔尖创新人才能力培养中十分重要，认为培养研究生的创新能力必须提供优良的学习环境、人文环境和制度环境。

朱红、李文利、左祖晶(2011)通过分析北京大学教育学院 2010 年"首都高校学生发展调查数据"，认为研究生拔尖创新人才能力受其行为特征、思维特征、知识体系和人格特征等因素影响，研究生拔尖创新人才能力的水平与研究生学习的课程、导师的指导息息相关。

熊正德、李婷、刘细良(2016)以管理类拔尖创新型研究生为研究对象，运用模糊综合评价法构建了一套管理类拔尖创新型研究生教育质量评估体系。

刘雷、詹一虹、黄英辉(2018)运用物元可拓模型，对我国中、东、西不同地区具有代表性高校的研究生创新能力进行了评价，研究显示创新知识的灵活运用能力与创新实践能力是体现研究生创新能力的主要方面。

综上所述，有关研究生拔尖创新人才能力评价的研究基本上是从研究生个体的视角进行的评价，比如从研究生的人格特征、知识结构、能力素质等方面进行评价，一部分研究也分析了导师因素对于研究生拔尖创新人才的影响。但是，较少涉及高校科研团队对研究生拔尖创新人才能力的影响。本研究认为，越来越多的研究生加入科研团队，高校科研团队为研究生拔尖创新人才的培养提供了一个新的平台，研究生在科研团队中得到锻炼并快速成长，科研团队是影响研究生创新能力的重要因素。因此，从研究生个体和科研团队结合的视角，来对研究生拔尖创新人才能力进行评价才更全面，这也是本研究一个重要的出发点。

四、高校科研团队对研究生拔尖创新人才影响研究现状及评述

团队的概念最早来自于管理学。20 世纪后半叶，企业的组织形式由原来僵化的垂直结构转变为高效的以团队为核心的扁平式结构。之后，团队概念被引入大学，出现了学术（科研）团队。

科学发展的分支化和综合化趋势日益加强，新技术、新工艺、新知识不断涌现，这对科研工作者的素质和科研工作方式都提出了新的要求。一方面要求科研工作者的知识结构在深度和广度上都需具有较高水平，不仅要有解决单一问题的能力，而且要有解决综合问题的能力。另一方面，科研工作者不仅要靠个人力量进行科研创新，同时，还必须更多地依赖具有不同知识结构、不同知识水平的同伴进行知识交流与合作创新。为了适应当前科研工作的实际需要，越来越多的科研工作者积极组建相关科研团队，依靠团队的力量进行科学研究。高校科研创新工作一直是我国整体国家创新体系建设中重要的组成部分，国家高度重视高校科研创新团队的建设，要培养造就一批创新能力强的高水平学科带头人，形成具有中国特色的优秀创新人才群体和创新团队。高水平大学建设要把创新团队的建设放在首位。为稳定地支持基础科学的前沿研究，培养和造就具有创新能力的人才和群体，资助国内以优秀中青年科学家为学术带头人和骨干的研究群体，围绕某一重要研究方向在国内进行基础研究和应用研究，国家自然科学基金委员会启动了“创新研究群体科学基金资助”计划，教育部针对全国普通高校设立了“长江学者和创新团队发展计划”，各级地方政府也启动了科研创新团队建设资助计划。通过对这些创新群体的稳定支持，培养了一大批杰出的研究个体，同时也促进了高校科研创新团队的建设，取得了一大批研究成果，对我国的经济建设和社会发展起到了积极的推动作用，进一步发挥高等学

校创新平台的投资效益，凝聚并稳定支持一批优秀的创新群体，形成优秀人才的团队效应，提升高等学校科技队伍的创新能力和竞争实力，推动高水平大学和重点学科建设。

近几年，“211 工程”“985 工程”高校将科研创新团队建设当着科研管理工作的重点，一方面出台了诸多政策措施对科研创新团队进行扶持，积极引进高水平研究人才以提升研究团队的研究水平，另一方面也积极利用自身的各类科研经费对学校内部的重点学科的研究进行扶持和资助。为完善高校科研经费投入制度，提高高校的自主创新能力和高层次人才培养能力，各高校在基本科研业务费的配置和使用上都重点支持具有创新基础和创新能力的科研创新团队项目。在各级资助体系的积极推动下，高校科研创新团队的建设得到快速发展，但我国高校科研创新团队组建时间不长，科研创新团队组建办法相对简单，缺乏成熟的科研创新团队建设经验，缺乏系统的构建与管理体系，没有形成完善的组建和发展模式。因此，高校科研创新团队的持续发展及有序运行还面临着多方面的障碍和挑战。有关这方面的研究如下：

唐余明(2002)研究了高校学术梯队的特点、带头人、结构及其与教研室、教学梯队、课题组的区别，并对高校学术梯队建设与师资队伍建设、学科专业建设的关系进行了论述。他提出应从学科、专业建设的需要出发，有组织、有计划、有重点地抓好学术梯队的建设，使学术梯队的建设从自发走向自为。

郧小撑(2003)认为，学术(科研)团队一般是指以一个学术领导人为核心，包括了具有共同学术目标、彼此频繁交流、相互协作的人组成的群体。团队的一个重要特征在于，由于成员彼此交流和协作，因而团队的最终绩效要高于每个成员的绩效之和。

杜海莲、陈启锋(2003)就团队自身的组织特性来说，有利于创新的团队组织因素包括团队成员在团队中工作和决策的自由度，对工作的困难程度以及工作重要性的感觉所带给个人的挑战性，团队成员个人能够因工作所获得的人力、资助以及信息等资源，团队管理者的领导风格，团队成员的合作风格与合作状况，针对团队成员的研究兴趣、专业技能和工作绩效的奖励或激励措施，具有支持“奇思妙想”与“异想天开”的宽容的团队氛围和机制。

刘则渊、韩震(2003)以大学基本职能和大学知识活动系统为基础，探讨大学整体知识能力的大学知识管理体系，试图为现代大学知识管理提供新的思路、手段和方法。从知识生产组织、知识生产投入、知识成果产出三方面讨论了科研活动。科研团队具有一定的知识生产能力，从事科研活动的教师和学生组成知识生产共同体，在知识活动系统的流程下进行科学研究活动。

陈洪根、薛静(2004)认为研究生创新团队是指以创新实验小队、课题研究组等为代表的研究生科研型群体组织，具有自发性和自组织性等特点，是一种流动性组织。

伍百洲、包健(2004)对学术团队特征进行分析，指出学术团队主要是指由一名具有明确学术研究方向的学术带头人，主导一定数量的学术骨干，组成的相对稳定的具有长期合作关系与学术继承关系的学科队伍。这支队伍是一个具有很强目的性、计划性和系统性的，进行学术讨论与学术交流的相对稳定的学术研究组织。

蒋满秀(2005)认为创新团队是由少数技能互补、有共同目标、能相互承担责任而又自觉能动地进行创造性活动并产生一定价值成果的个体组成的正式群体，他们的成员具有持续的创新能力和国际竞争能力。团队成员为了一个共同目标而集聚在一起，并相互协同合作以完成课题任务，课题结束则宣告了团队的解散。

覃睿、丁松滨(2006)认为团队创新能力的发挥受到复杂的环境因素影响，这些环境因素包括团队自身因素、团队所在的组织状况、制度环境和社会环境。这些因素对创新思想的形成、发展和实现具有不同程度的影响，创新活动的实现依赖现有创新体系，更需要营造一个有利于激励创新潜能释放的人文、制度和物质环境。

李海波、刘则渊、潘雄峰(2006)以模糊数学理论进行定量和定性的结合对科研团队进行综合评价，认为科研团队绩效评价应以知识为核心，同时重视组织结构和人员体系的考核。在对科研团队进行指标体系的建设时，关于对科研团队评价指标体系的建设上考虑了团队的课题因素、国内外学术会议交流次数、发表的论文和出版的著作、引进访问学者与专家交流人数、科研活动的合作与次数、团队人员年龄和职称分布、人员流动性、团队核心人员数目、团队硕士博士生数等因素，并认为衡量科研团队的知识传播能力的指标主要是科研团队培养的硕士研究生、博士研究生人数。

李树茁等(2008)认为在我国目前的教育环境下，建立学习型组织，在营造共同愿景和信任机制的基础上，实现知识的共享和互补，进而实现团队合作创新，对于提升研究生培养的质量和水平有着极大的价值和意义。他们详细介绍了西安交通大学人口与发展研究所的团队学习型研究生培养模式，并对该模式的内涵和特点、研究生培养方式及培养效果进行了说明，认为基于国际科研平台的团队学习型研究生培养模式能够使研究生迅速融入国际化学术网络。

张学义、史立伟(2009)认为传统的研究生培养是以导师为主体进行的,个别导师的创新能力较低是影响研究生拔尖创新人才能力的关键因素,提出以科研团队为主导指导研究生并定期举行学术交流活动、建立制度化的考核方式以及多种激励制度是提高研究生拔尖创新人才能力的有效措施。

王双龙、袁庆宏(2010)对团队成员创新行为影响因素进行了分析,建立了团队成员创新行为社会系统模型,分析得出团队创新氛围、团队学习等会对团队成员创新行为产生积极持续的影响。

肖春、毛诗焙(2011)根据科研团队的基本特征,提出了高校科研团队培养研究生创新人才的运作模式,重视对研究生创新意识、创新精神和创新能力等方面的培养,对该模式在团队目标、团队文化、团队结构、团队资源、科研项目、保障激励等方面进行概述。

江尚、黎苑楚(2011)基于个体创新对环境的依赖性,以及团队学习对个体创新能力的支持性,提出研究生拔尖创新人才能力培养需要加强研究生科研团队的建设,并提出了当前团队建设存在的主要问题及解决方案。

钟芳冰、彭灿、陈悦(2011)应用结构方程建模方法对团队创造力和个体创造力之间的关系进行了研究,得出了团队创造力与个体创造力具有显著的正相关关系的结论。

常亚平、孙威、张金隆(2013)提出了研究生团队创新氛围的影响因素的概念模型,从导师特质、学生特质、匹配性等方面分析研究生团队创新氛围的影响因素。

马君、张昊民、杨涛(2015)分析了研发团队中团队绩效对于员工创造力的影响,应用线性阶层模型研究了二者之间的跨层次关系,结果表明研发团队的团队绩效对员工创造力有正向的作用。

赵新宇等(2015)从团队领导层面分析了个体创造力从激发到转化的过程,并提出了团队绩效和团队领导对于个体创造力的双向作用机理。

王磊、李翠霞(2016)以高校科研团队为研究对象,运用问卷调查和多层线性模型进行跨层次分析,结果表明团队创新氛围和团队任务创新性对高校科研团队个体创造力具有积极的促进作用。

耿甜甜(2016)研究了在关系嵌入的不同情境下个体创造力转化为团队创造力的过程和路径,并得出了团队创造力和个体创造力之间存在着显著的正相关关系的结论。

黎子清(2018)分析了硕士研究生团队创新氛围对个体创新行为的影响，运用结构方程模型进行实证分析，得出了硕士研究生团队创新氛围对个体创新行为有显著正向影响的结论。

杨虹蓁、曹新宇(2020)认为科研团队能够开拓研究生的学术视野，提高研究生的团队合作意识和创新能力，促进团队成员的学术交流，激发研究生的科研潜力和创新意识，并探讨了基于导师科研团队的研究生培养模式的作用和意义，提出了构建基于导师科研团队的研究生培养模式。

表 2-4 是高校科研团队对研究生拔尖创新人才影响要素研究的提炼。

表 2-4　高校科研团队对研究生拔尖创新人才的影响要素

学者	高校科研团队组织特点及影响要素	提炼
唐余明(2002)	基于学科、专业的高校学术梯队建设	组织结构
刘则渊、韩震(2003)	大学知识管理体系、知识生产能力	管理能力、知识创新
伍百洲、包健(2004)、李树苗等(2008)	以学术带头人为主导的学术研究型组织；学习型组织	领导能力、学习能力、科研能力
覃睿、丁松滨(2006)、张学义、史立伟(2009)	激励创新潜能释放的人文、制度和物质环境；重视学术交流活动、制度化的考核方式以及多种激励制度相结合	团队文化、组织结构、组织控制能力、管理创新
李海波、刘则渊、潘雄峰(2006)、张学义、史立伟(2009)	以科研团队主导，指导、知识为核心，重视对组织结构和人员体系的考核	创新能力、组织能力
肖春、毛诗焙(2011)	高校科研团队培养研究生创新人才的运作模式	团队目标、团队文化、团队结构、团队资源、科研项目、保障激励
常亚平、孙威、张金隆(2013)	导师特质、学生特质、匹配性研究生团队创新氛围	团队文化、领导能力
杨虹蓁、曹新宇(2020)	开拓研究生学术视野，提高研究生的团队合作意识和创新能力，促进团队成员的学术交流，激发研究生的科研潜力和创新意识	构建基于导师科研团队的研究生培养模式

综上所述，部分研究者从个体创新特征和团队创新特征的角度探讨了科研创新与科研团队创新能力的关系，提出研究背景丰富、基础知识扎实、热爱事业、激情澎湃、知识面广、自尊自信以及善于分析和联想的研究人员具有较强的创新能力。但是，现代科研创新往往不是某个独立个人能够实现的。所以，选拔具有创新思想的个体是创新的前提，组建由具备创新素质和能力的

个体所组成的科研团队是实现创新的基本条件。团队的创新能力就是指通过正式或非正式的制度、程序和沟通渠道，使彼此协作和分工的人们提出并完成创新思想的能力。而从组织集成化能力的相关理论研究成果①出发，重视科研团队文化的建设、团队结构合理配置、团队资源的合理运用、高校对科研项目的支持，还有各种知识创新的保障激励，更有利于对研究生拔尖创新人才能力的培养。

五、研究生在科研团队中的作用相关研究现状及评述

研究生在科研团队中的作用主要表现为研究生个体知识和能力对科研团队绩效的影响，研究生个体的知识只有最大程度地转化为团队知识并为团队所用，才能真正实现知识在组织中的增值与效用最大化。

侯映霞(2007)认为，研究生在科研创新团队中相互承担责任而又自觉能动地进行创新训练，开展创造性研究活动。这也是研究生在科研团队中的作用，主要目标是通过团队合作，培养研究生的创新精神、合作精神，提高创新能力、实践能力、合作能力和学术道德水平，为将来独立从事创造性工作奠定扎实基础。

毛克琴(2008)指出，在现行导师负责制的模式下，应优化科研团队的结构，加强导师之间的协作与沟通，发挥整体优势的作用，以集体智慧拓宽研究生的思路，启发研究生思维，培养出高素质的人才，让研究生在科研团队中发挥出更大的价值。同时，研究提出了科研团队四种组织结构模式："狮群"模式、"狼群"模式、"雁群"模式、"羊群"模式，并分析了各种模式对研究生个体及团队的影响。

程絮森、赵莹、傅诗轩(2015)在协作理论的基础上，将建导式协作理论运用于研究生科研团队进行协作创新。通过实验，探讨研究所科研团队在创新型协作流程支持下的效率和效果问题。研究得出建导式协作流程能够帮助研究生改进团队协作的效率和效果，并提高科研团队协作成果的产出。

董雯雯(2016)指出，创新团队中的研究生有着相同的兴趣爱好、共同的价值观、相似的责任感，他们是整个研究生创新团队正常运行的"活资源"。在某

① 注：有关组织集成化能力的相关理论，可参考邓修权：《组织集成化能力及其演化机理研究》，北京航空航天大学2004年学位论文；邓修权、彭金梅：《企业能力的新视角：分形企业能力》，《管理评论》2007年第4期，第35-42页。

些高校研究生创新团队建设中出现的人员结构不合理现象，则主要体现在团队成员随意拼凑和团队成员缺乏交叉学科人才两个方面。

赵伟丹(2019)认为，科研团队中研究生的知识构成和创新能力，有利于科研团队保持着旺盛的创造力和充沛的活力，也有利于科研成果的产生。

总之，研究生依托科研团队成长并在科研团队中发挥作用，从而提高团队的知识水平和创新能力。研究生在科研团队中进行科研工作，其行为表现和工作态度会影响其他团队成员的行为态度和团队的工作效率。科研团队中的研究生较好的内在素质，有利于增强团队的凝聚力，提高团队成员的积极性。科研团队成果是依靠团队内研究生掌握的知识和能力创造的。在科研团队中，存在着知识由研究生个人向科研团队的转移，研究生个人掌握的必备知识决定着科研团队的知识储备，从而影响了科研团队的绩效。

六、研究生个体和科研团队创新行为的综合研究现状及评述

任何一项能力的形成和发展都会受到个体自身条件和外界各种环境因素的影响，研究生拔尖创新人才能力的培养也不例外。作为研究生教育的核心内容，研究生拔尖创新人才能力的培养受到研究生自身及各种外界环境等多种因素的影响。团队创新能力是团队成员相互作用的一个结果，除团队成员本身的创新能力外，团队所固有的特征和构成要素对团队创新能力具有重要影响。

团队创造力与个体创造力的不同之处，主要在于团队创造力的形成要受到团队特性、团队成员、专业领域、团队目标与团队氛围等因素的影响，在团队的创新过程中，团队组织本身就是一个非常关键的角色。正像有的学者所认为的那样，团队创新是一个以团队运作的方式产生新构想，并由成员间相互讨论与持续修正原计划，将新构想导入并利用的过程。① 相关研究如下：

(一) 科研团队的共享心智模式对团队创新绩效的影响

王贞怡(2009)通过实证研究分析了IT企业的共享心智模式，揭示了IT企业的员工共享心智模式与IT企业的团队效能之间具有正相关的关系。曹科岩、龙君伟(2009)对高科技企业的团队共享心智模式进行了研究，通过实证研究得出了高科技企业的团队共享心智模式与团队绩效之间存在正向关系。吕

---

① Woodman R W, Sawyer J E, Griffin R W, "Toward a theory of organizational creativity," Academy of management review 18, no. 2(1993): 293-321.

晓俊(2009)用路径搜索的方法通过层级回归分析指出团队共享心智模型对团队绩效产生直接作用。王颖、彭灿(2011)以研发团队为研究对象,通过实证分析证明了研发团队的共享心智模式与团队知识创新绩效具有显著的正相关关系。纪晓丽、蔡耀龙(2013)通过实证研究得出了研发团队的共享心智模式对团队创新绩效有积极作用的结论。王萌(2013)应用结构方程模型,分析了共享心智模式、知识共享等对团队创新绩效的作用机理,验证了团队共享心智模式对团队创新绩效的影响关系。陈艳艳、王萌(2014)应用结构方程模型,研究了知识密集型服务业研发团队的共享心智模式对团队创新绩效的影响。牟子实(2015)综合运用心智模式及行为学相关理论研究搭建影响金融领域信息系统研发团队绩效的要素模型,并证明了团队共享心智模式与团队绩效之间有显著的正向相关关系。殷婧钰等(2019)构建了共享心智模式、知识转移绩效理论分析框架,采用多元层次回归分析得出任务式共享心智模式和协作式共享心智模式对探索性创新与利用性创新均有显著正向影响的结论。

(二)研究生个体情绪智力对其创新绩效的影响

个体的情绪智力概念由 Salovey 和 Mayer 两位学者在 1990 年首次提出,他们将其定义为个体监控自己及他人的情感和情绪,以及识别、利用这些信息指导自己的思考和行为的能力。[①] 这种能力是工作绩效突出的人区别于普通人的关键因素之一。[②] 因此,许多学者研究了个体情绪智力对个体工作绩效和自我效能感的影响。

Fridrickson(2011)研究了个体的积极情绪对个体绩效的影响,认为个体的情绪智力将帮助形成积极和发散性的认知,并对其绩效有积极的影响。段菲(2012)应用统计分析方法,通过量表调查,对研究生情绪智力和职业决策自我效能进行了分析,得出研究生情绪智力能显著预测职业决策自我效能的结论。严标宾、张兴贵、林知(2013)分析了员工情绪智力对自我效能感和工作绩效的影响,通过数据调研和构建模型,指出员工的情绪智力对自我效能感和工作绩效有积极的促进作用。陈瑶(2014)对大学生的情绪智力、一般自我效能感、情绪创造力三者之间的关系进行了研究,验证大学生的情绪智力、一般自我效能

① Salovey P and Mayer J D,"Emotional intelligence," Imagination Cognition & Personality,no6.(1990):217-236. Mayer J D and Dipaolo M,Salovey P,"Perceiving affective content in ambiguous visual stimuli: a component of emotional intelligence,"Journal of Personality Assessment,no. 3-4(1990):772.

② Goleman D,Emotional intelligence: why it can matter more than IQ,(An academic internet publishers (AIPI) publication,1995),pp. 217-236.

感、情绪创造力之间存在显著的正向相关关系。吴晓亮(2014)研究了情绪智力与自我效能感对适应性绩效的影响关系,验证了情绪智力与自我效能感具有较高的正相关关系。申曦等(2017)以高校大学生为研究对象,分析了大学生自我领导对于情绪智力与自我效能的中介作用,验证了情绪智力对于大学生自我效能的正向作用。王磊、朱洪波、刘萍(2020)在校研究生情绪智力和自我效能感的关系进行了研究,得出在校研究生情绪智力与自我效能感呈显著正相关的结论。

研究生的情绪智力指研究生个体管控自己及他人的情感和情绪,并通过识别、利用这些情感信息指导自己的思考和创新行为,从而提升了自身的自我效能和工作绩效。

（三）研究生自我效能对研究生知识创新能力的影响

自我效能感的概念由 Albert Bandura 于 1977 年首次提出,并认为自我效能感是个体相信自己能够完成或者胜任某项任务①。从概念的内涵来看,自我效能感就是对自身的信任和做事的自信心,这种自信心对个体的创造力和知识创新能力有积极的作用,一些学者在这方面进行了研究。

黄春艳(2009)分析了研究生创造性动机、创造性自我效能与创造性表现之间的关系,并通过量表调查,得出了研究生创造性自我效能对其创造性表现具有显著正相关的结论。周浩、龙立荣(2011)分析了创造力自我效能和工作不安全感对员工创造力的影响机制,并运用问卷调查和数据分析方法进行了实证研究,得出的结论是员工创造力自我效能对其创造力有显著的正向影响。孙彦玲、杨付、张丽华(2012)以集团企业的工作团队为研究对象,构建了结构方程模型并运用分层线性模型分析技术研究了创造力自我效能感对员工创新行为的影响,并认为二者之间存在显著的正向相关关系。张勇、龙立荣(2013)以创造力自我效能的中介变量,分析了创造力自我效能对员工创造力的影响,认为二者之间存在倒 U 形关系。王永跃、叶佳佳(2015)从社会认知理论出发,研究了伦理型领导对员工创造力的影响机制,并通过问卷调查和数据分析得出创造力自我效能感对于员工创造力的正向影响作用的结论。丁栋虹、张翔(2016)分析了创造性自我效能对于个体创造力的影响,并以内在动机、隐性知识共享作为中介变量,通过构建模型得出了自我效能通过内在动机和隐性

---

① Bandura A,"Self-efficacy theory:towards a unifying theory of behavioral change,"Psychological Review,no. 84(1977):191-215.

知识共享中介变量对员工创造力有正向的影响作用的结论。王常旭(2020)分析了在职研究生自我效能感对工作绩效的影响机制,得出研究生自我效能与工作绩效之间存在很强的正相关关系的结论,而这里的工作绩效包括了研究生的知识创新能力。

从上述的研究中可知,研究生的自我效能感对其创造力和创新能力具有积极的影响作用。

(四)团队与个体创新行为的相关研究

团队与个体创新行为一般比较复杂,有学者提出创新行为常常由有机组织、人格特质、社会化机制、团队影响力与文化价值五个元素交互作用而产生。有机组织是指由独立个体所组成的有机式群体;人格特质则是群体中独立个体的人格条件;社会化机制指的是团队运作的流程与制度;团队影响力包含创造力的产出与效益;文化价值则牵涉到外在的环境与气氛等。相关研究如下:

Bettenhausen(1991)通过实证研究得出,科研团队的领导方式、成员间关系的紧密性、存在期、成员的科研背景以及团队结构,是团队创新能力的决定因素,成员间关系的紧密性程度处于最优状态时,会使团队的创造力水平最高。Robinson and Stern(1998)提出创造力是组织中的一种包含着六个要素的非预期力量。六个要素是:① 意向调整(alignment);② 自发行为(self-initiated activity);③ 非正式活动(unofficial activity);④ 意外发现(serendipity);⑤ 多样刺激(diverse stimulin);⑥ 内部沟通(within-company communication)。研究提出,团队个体充分的交流与沟通对于创造性思考的培养与使用具有重要促进作用,组织内的正式和非正式的沟通信息的畅通与活跃,易于激发创意和创造力。

凌四立、陈芳(2004)借鉴集群和核心竞争能力的概念,引出学科群系统及其核心竞争力,并探讨了影响学科群系统核心竞争力的因素,进而就学术团队的开放度对其创造能力的影响进行了初步探讨。杨连生(2006b)探索了大学团队组织效能的主要影响因素,并在此基础上讨论学术团队管理模式。了解个体创造力的特征是我们分析团队创造力的重要前提。对于学术研究者个体来说,其创新能力的核心是个人创造力。高振、沈馨怡、吴松强(2013)提出可以从团队整体绩效和成员个体绩效两方面来衡量高绩效团队的绩效情况,因而对团队绩效考核机制的优化从团队绩效考核和团队成员绩效考核两方面入手,通过构建可复制、操作性较强的研发团队绩效考核机制，为协同创新发展模式中科研团队绩效考核工作提供理论支持和实践参照。冯玉萍(2013)分析了协同创新科研模式下科研团队的组成及运行机制，强调了团队带头人的作用和团队成员创新动力、活力的作用。于洋、黄忠德、于淼(2014)结合西安交通大学科技创新团队建设情况，具体分析了我国高校科技创新团队建设的意义、模式和基本特征、存在的问题，进而提出解决问题的对策建议。刘珊珊(2016)从高校团队管理的视角分析了高校学术团队目标管理、性别、角色定位各个维度对研究生拔尖创新人才能力产生的影响。高田钦和王保健(2016)以硕士研究生为研究对象，通过数据分析得出其创造性人格、创新自我效能感和创新能力三者之间两两呈显著正相关，验证了研究生创造性人格直接影响创新能力的发展，同时，创造性人格还可以通过创新自我效能感的中介作用间接预测创新能力水平。邱立、曹成、邓长征(2017)基于研究生培养的特点，综合运用头脑风暴法和 TRIZ 创新方法构建了团队与个体并重的高校研究生创新能力培养机制，并将这一培养机制运用于所在课题组的某一研究生，取得一定的实践效果。王亚珍等(2019)认为参与导师的研究课题是培养研究生创新能力的重要途径，构建以主导师的研究项目为载体，以主导师与研究方向相近的辅导师组建的“项目＋导师”团队，为研究生创新能力的培养提供了一种新模式。杨倩、吕帆(2020)提出以学生为中心，建设“3S”研究生团队，强调学生的自主学习、自我开发和自我超越，并通过师生互促推动团队发展，激发学生自我驱动力的同时通过多维协同的方式提供外部支持和目标导向，引入全面质量管理理念，动态监督和跟踪掌控研究生培养中的关键环节，确保研究生培养成果的高质量和高适应性。

（五）研究评述

上述关于研究生个体和科研团队整体创造力综合研究的结果，对我们深入理解科研团队创造力及其评价问题具有重要的启发作用。首先，我们应当从总体上把科研团队创造力看作是一种运作机制，而这种运作机制的主要功能是在鼓励创新的团队氛围中，通过团队成员间的信息共享和智力互动，激发团队成员形成新的观念和构想，并进一步通过成员间的交流、研讨甚至争辩，逐渐加以补充和完善为较为系统的创新思想观念。其次，在科研团队创造力和研究生个体创造力的相互关系上，团队创造力并不仅仅是所有团队成员创造力的总和，而是有创造力的团队成员通过群体互动形成的一种融合了个人创造力的、其功效远远大于个体创造力的组织创造力。第三，在科研团队的管理活动中，必须尊重学者的独立人格，保证其学术自主性的充分发挥，通过创新氛围的建立并采取激励措施调动他们的积极性、主动性和创造性；通过有效的制度设计和政策措施，不断培育和扶植他们身上所特有的创新热情。第四，我们可以认为团队创造力是受团队中成员的创新素质、团队特性、团队氛围、团队领导方式等多种因素影响的函数。因此，科研团队领导者的领导风格和管理模式，对团队整体及其成员创造力的发挥有着至关重要的影响作用。第五，可以探索以大学科研团队成员的创新素质为核心，以科研团队的团队特性、团队氛围、团队领导方式和任务特点等为主要影响因素，对科研团队创造力和创新能力进行衡量和评价的方法和路径。

总之，现有的有关研究生个体和科研团队创新行为的综合研究，为本研究的开展奠定了基础。科研团队鼓励和吸引研究生参与科研创新，增强了研究生的创新意识、实践能力、团队观念等综合素质，营造良好的科研创新氛围，拓宽了科研创新的视野，提升了研究生的原始创新能力和自主创业能力，从而促进高层次研究生创新人才的培养。本研究将在团队理论和组织集成化能力的相关理论层面上，借鉴管理领域团队研究的成果，结合实证调研对研究生个体和科研团队创新行为进行深度的探索与思考。

第三节　核心概念界定

一、拔尖创新人才

（一）拔尖创新人才概念的提出

2002 年，党的十六大报告中指出“全面推进素质教育，造就数以亿计的高素质劳动者、数以千万计的专门人才和一大批拔尖创新人才”。2003 年全国人才工作会议上又提出了“努力造就数以亿计的高素质劳动者、数以千万计的专门人才和一大批拔尖创新人才”这一论断。之后，《国家中长期教育改革和发展规划纲要（2010—2020 年）》提出培养和造就一大批拔尖创新人才是建设创新型国家的必然要求，也是提升我国综合竞争力的重要保障。《中国教育现代化 2035》把提升一流人才培养与创新能力列为面向教育现代化的十大战略任务之一，并提出加强创新人才特别是拔尖创新人才的培养，全面提升高等学校原始创新能力。

拔尖创新人才这一概念的提出，顺应了时代的需求。众所周知，拔尖创新人才培养的主要渠道是高校和科研院所的研究生教育。研究生教育的质量直接影响我国拔尖创新人才的培养，因此，高等院校和科研院所如何加强研究生教育质量，培养更多具有创新意识和综合能力的拔尖创新人才，更好地为国家发展和社会进步服务，这是一个重要课题。

（二）拔尖创新人才概念的内涵

国内具体研究脉络如表 2-5 所示。

表 2-5　国内关于拔尖创新人才内涵的相关研究

作者（年份）	定义
博耶（2000）	富有探索精神并渴望解决问题，拥有交流技巧和丰富的多样化的经验。在科学、技术、学术、政治等领域富有创造性的领袖
陈希（2002）	各自专业领域的佼佼者，具有丰富的想象力、创新的勇气和思维方式、强烈的创新意识，全面合理的素质和知识结构，并且德才兼备
郝克明（2004）	在各个领域有强烈的事业心和社会责任感，有创新精神和能力，为国家发展做出重大贡献的杰出人才
张秀萍（2003）	科学研究型的高层次创造性人才、应用研究型的高技术创新人才和某一专业领域有特长的高级专门人才
张伟（2007）	具有扎实的基础知识、有较强获取知识的能力、鉴别知识和选择能力，具有较强研究的能力、开拓创新精神和创造能力、团队协作精神
周其凤（2010）	具有高尚品德、博专知识、创新能力，具有明确的目标选择、长期的优势积累和突出的创新业绩，被社会承认的学术、技术，在企业和管理等方面具有国际竞争力的创新精英人才
高晓明（2012）	在我们所生活的这个富于个性和突破的时代中，在各行各业中，那些试图通过变革来引领发展，从而为整个社会经济的顺利转型做出突出贡献的杰出人物
孙鑫（2012a）	有强烈的责任心和创新激情，渴望发现并解决问题；有创新能力，具有国际视野，能为本领域的发展做出世界级的贡献
杨淞月（2012）	具备创新能力、创新精神，能够引领潮流的方向，带领团队开拓创新，使自己的创新能够促进社会快速发展、国家繁荣富强、人类不断进步，并把它作为人生追求的人才
白春章、陈其荣、张慧洁（2012）	创新人才是分层次地呈现“金字塔”结构的，而处于塔的顶尖部分的是“拔尖创新人才”

表 2-5（续）

作者(年份)	定义
张霜梅(2013)	具备独立的人格和创新精神，在社会的某一领域利用自身的技术能力进行研究开发，并对社会发展做出创新性贡献的高素质人才
董文杨(2014)	在各个领域有强烈的事业心和社会责任感，有创新精神和能力，为国家发展做出重大贡献的杰出人才
王肖(2014)	在社会的各个领域，特别是科学、技术和管理领域，有强烈的事业心和社会责任感，有创新精神，为国家发展做出重大贡献的杰出人才
李艳(2014)	具有广博而深厚的知识基础、具备创新能力和创新素养、具备国际竞争力和社会责任感，并能通过努力成为某领域领军人物的杰出人才
徐吉洪(2016)	具有创造思维、创新人格、知识结构、创新实践、创新成果的人才
梁冰洁(2020)	具有强健的身体素质、完善的人格、扎实的专业知识，能够为国家发展做出重大贡献，在本国或是世界范围内领先的带头人和杰出人才

综合已有的研究，关于研究生拔尖创新人才能力概念界定，许多学者从不同的角度进行来界定，但是目前还没有统一的界定。国内学者对于拔尖创新人才的概念主要从两个方面进行界定，一方面是从拔尖创新人才所应具有的素质进行的定义，如陈希(2002)、郝克明(2004)等。他们认为拔尖创新人才是在各自专业领域具有综合的素质和知识结构，具有开拓创新的精神，对社会进步有巨大贡献的高层次人才。另一方面是从拔尖创新人才所应具有的能力进行的定义，如张伟(2007)、杨淞月(2012)、张霜梅(2013)等。他们认为拔尖创新人才是具备夯实的专业基础知识，具有对知识进行获取、鉴别和选择的能力，具有较强研究的能力、开拓创新精神和创造能力、团结协作精神，在社会的某一个领域利用自身的技术能力进行研究开发，并对国家发展和社会进步有重大贡献的卓越人才。总体来看，虽然很多学者对于拔尖创新人才这一概念进行了界定，但由于研究的出发点和分析的视角不同，还未形成比较统一的认识和定义，不论是从素质的角度进行的定义还是从能力的视角进行的界定，普遍认为拔尖创新人才不仅具备全面、完善、合理的素质结构和知识结构，还要具备创新能力和创新素养，具备国际竞争力和社会责任感，并能通努力成为某领域的领军人物。

需要明确的一点是，由于本研究重点分析研究生拔尖创新人才的能力素质，因此本研究所指的拔尖创新人才是具有一定潜力成为拔尖创新人才的研究生。

二、能力素质及研究生能力素质构成

（一）能力的内涵

根据《韦氏词典》中的定义，能力指才能和办事的本领。从定义中可以看出，能力通常是具有主动性的人或者物所具有的综合素质。但是在科学研究中，学者们赋予了能力新的内涵，使得能力的内涵得到了延伸。有关能力在英语中有两个单词 competence 和 capability，它们代表的含义有所不同，competence 更多的指胜任力和竞争力，而 capability 的含义更广泛，指拥有的知识、经验和技能等。本研究所指的能力主要是 competence 即胜任力。

在当前对于能力的相关理论研究中，通常可以从两个层面对能力（competency）进行定义：一是从人力资源管理角度出发，对组织内个人的能力进行研究；二是从战略管理的角度出发，对组织整体的能力进行研究。①

从人力资源管理角度出发，学术界对于个人能力概念的界定可分为两类：英国的输出模式和美国的输入模式。② 英国能力观对于能力的分析以“工作”为中心，认为个人能力是工作业绩标准和结果的质量，其体现形式是外显的行为和工作成果。③ 美国能力观对能力的理解是从输入的角度进行的，其分析的中心是人而非工作，认为个人能力是员工所具有的能够产生有效和突出业绩的内在特质，如动机、品质、技能、自我心像、社会角色和知识等。④ 其能力研究的目的是找出能够将绩效卓越者与绩效一般者区分出来的能力要素并建立相应的指导能力发展的能力模型，即现在广泛应用于人力资源管理的能力素质模型。

从战略管理的角度出发，组织层面的能力可以被定义为组织的资源与能力的集合。⑤ 可以认为组织能力是由能力的本体和能力的功能所组成的，其中能力的本体可以界定为由若干个资源构成的系统，而能力的功能可以理解为系统

---

① Robert L Cardy and Selvarajan T T,“Competencies: Alternative frameworks for competitive advantage,”Business Horizons, no. 49(2006):235-245.

② 王勇、王瑞飞：《个体有机能力及其同组织层次能力整合机理与过程分析》，《科研管理》2004 年第 3 期，第 110-116 页。

③ Terrence Hoffman,“The meanings of competency,” Journal of European Industrial Training, no. 6(1999):275-285.

④ Boyatzis R E, *The competent manager: a model for effective performance*(New York: Willey, 1982).

⑤ Hitt Ireland and Hoskisson R E, *Strategic management: competitiveness and globalization*(6th ed.)(Versailles, KY7 South-Western, 2005).

利用资源从事某些任务或活动以实现预期目标的能力，故组织能力可以理解成为组织资源与组织能力所组成的系统能力。①

个人层面的能力与组织层面的能力有着密不可分的关系，由于组织的复杂性以及个人能力的组织依赖性②，单纯提升个人能力并不能保证组织整体能力得到相应的提升，且由于高校科研团队的成员从事的是知识工作，其工作性质是复杂的，很难界定客观的业绩标准用以体现其工作对个人能力的真正要求，故单纯从个人能力的角度对高校科研团队管理进行研究是不可取的。另外，虽然团队在规模上比组织要小，但在很多方面具有组织的类似特征③，故高校科研创新团队也适合组织能力理论。因此本研究从组织战略管理的角度出发，借鉴个人层面能力素质模型的构建思想和方法④⑤⑥，通过分析高校科研团队在组织层面的能力，构建高校科研团队的资源能力模型，并以此模型作为科研团队能力的"标杆"，通过分析科研团队实际能力与能力标杆之间的差距，来寻找提升科研团队整体能力的方法是具有意义的。

（二）个人能力素质构成

McClelland 在 1973 年首先提出了能力素质这一概念。之后 Cheetham（1996）、Hoffmann（1999）和 Kuljpers（2000）对这一概念进行了研究，但是至今没有形成统一的定义。McClelland 认为能力素质是一些在人格之中扮演了深层次角色的因素，且通过个人表现出的或是具备的这些因素可以预测到一个人在工作岗位上的未来行为。国内学者张宇则认为能力素质是一个组织中绩效优秀的员工所具备的知识、技能、能力、人格、动机。⑦

（三）研究生能力素质构成

通过搜索万维网、知网和万方等数据库，采用"胜任力"、"能力素质"、"研究生"关键词进行搜索，在搜索过程中，发现有些文献以"大学生的研究能力"为关

① 邓修权、彭金梅：《组织能力的系统剖析：从具体到抽象》，《管理学报》2006 年第 5 期，第 549-555 页。

② 王勇、王瑞飞：《个体有机能力及其同组织层次能力整合机理与过程分析》，《科研管理》2004 年第 3 期，第 110-116 页。

③ 陈国权：《团队学习和学习型团队：概念、能力模型、测量及对团队绩效的影响》，《管理学报》2007 年第 5 期，第 602-609 页。

④ 罗双平：《从岗位胜任到绩效卓越：能力模型建立操作实务》，机械工业出版社 2006 年版。

⑤ 胡八一：《能力素质模型构建与应用案例精选》，广东经济出版社 2007 年版，第 3-4 页。

⑥ 秦阳勇：《能力素质模型设计五步法》，鹭江出版社 2009 年版，第 6 页。

⑦ 张宇：《胜任能力模型在高科技企业人力资源管理中的应用研究》，四川大学 2007 年学位论文。

键词进行研究，对研究生的能力素质分析也有很大的借鉴作用。为此，对这两个主题的文章进行筛选和归纳整理，如表 2-6 和表 2-7 所示。

表 2-6　岗位通用能力素质模型构成要素及其含义

构成要素	含义
内在素质	一个人内在的特质，即一个人的固有个性。个人具有某项内在素质的程度不同，其行为表现也不同，即行为特征层级不同
必备知识	从事岗位工作所必须具备的知识，包括理论知识，专业知识和环境知识
专业技能与综合能力	专业技能指岗位的绩效卓著者所需的实际操作技能；综合能力是指专业技能以外的所有能力
工作经历经验与成果	工作经历指从事本专业工作，或类似本专业工作的年限；工作经验是指掌握有关工作技巧及规律的程度；工作成果是指在本组织机构内外从事本专业工作所取得的业绩

表 2-7　相关研究生能力素质的文献研究

研究者	能力素质特征
孟万金(2001)	创新能力、逻辑推理能力、资料搜集与处理能力、问题解决能力及语言表达能力
王江沄、杨梦麟(2008)	工作能力、团队合作能力、创新技能、为人处世能力、专业知识
朱亭亭(2010)	学习能力、创新能力、实践能力
陈石、王玉坤(2010)	专业技能、个性特征、人际互动、心理素质、创新思维
李文利(2010)	专业知识、计划和组织能力、学习能力、创新能力、事物判断能力、时间管理能力、谈判能力、工作适应能力、守信品质、宽容性、责任心等
鲁娅妮(2011)	成就导向、学习能力、理解能力，善于总结的能力，人际交往能力，思维和创新能力以及自我管理能力
赵仁铃(2015)	知识素质、能力素质、情绪素质、自我驱动、科研及实践能力
霍明(2018)	研究生担任学生干部、参加科技学术竞赛、科技发明等获奖和发表学术论文等方面的内容
古扬(2019)	知识、技能和职业素养，是一个不断发展的动态变化过程，在量变的过程中达到质变的状态
徐若虹、伊宏艳(2020)	知识、技能、社会角色、自我形象、品质、动机六个方面，代表一个人能做什么(技能、知识)、想做什么(角色定位、自我形象)和为什么做(价值观、品质、动机)的内在特质的组合

通过对以上的研究结果归纳整理，取以上研究的能力素质特征的合集，去除重复的项、描述过于笼统的项(如心理素质、研究能力等)、统一相近概念的项

(如协作性和团队合作能力等)、并把这些能力素质特征按照罗双平①划分的维度进行归类,(其中工作经历经验与成果维度作为区分优秀研究生和一般研究生的绩效指标,未体现在研究生能力素质中)。(表 2-8)

表 2-8 相关文献研究生能力素质特征总结

维度	特征项
内在素质	事业心、责任心、坚韧性、原则性、合作精神、管理潜力
必备知识	专业知识
专业技能与综合能力	计划组织、语言表达、协调能力、思维能力、理解判断、领导能力、调查研究、学习发展、信息采集反馈能力、解决问题、心理调适能力、创新能力

本章小结

本章首先对研究依托的理论进行了阐述,包括:能力素质理论、团队管理理论、绩效评价理论等;其次对相关研究进行了文献综述,包括:研究生拔尖创新人才培养的相关研究现状及评述、研究生个人能力素质相关研究现状及评述、研究生拔尖创新人才能力评价研究现状及评述、高校科研团队对研究生拔尖创新人才能力影响相关研究现状及评述、研究生在科研团队中的作用相关研究现状及评述、研究生个体和科研团队创新行为的综合研究现状及评述等。最后对本研究涉及的核心概念进行了界定,包括:提出拔尖创新人才的概念及内涵、能力的内涵和个人能力素质的构成,并重点对研究生能力素质的构成进行了界定和分析,为后续的研究明确了概念基础。

① 罗双平:《青年职业生涯规划的基本步骤》,《中国青年研究》2003 年第 8 期,第 7-8 页。

第三章　研究生拔尖创新人才培养的发展现状分析

研究生人才培养是一项复杂的系统工程，尤其是研究生拔尖创新人才的培养。我国研究生人才培养虽然起步较晚，但是通过借鉴国外主要国家研究生人才培养的经验，有利于促进我国研究生人才培养的提升。本章根据我国研究生人才培养的发展历程及现状，借鉴国外主要国家研究生人才培养模式，分析国外研究生拔尖创新人才培养对我国的启示，对我国研究生拔尖创新人才培养存在的问题进行分析。

第一节　我国研究生人才培养的发展历程

我国研究生人才培养的发展始于20世纪初清末民国时期，是受近代“新教育”思想的启发，经历了借鉴西方研究生人才培养模式和逐步本土化的过程，在中国传统教育和西方高等教育的碰撞和融合中发展起来的。新中国成立以前的研究生教育非常落后，发展非常缓慢。1935年4月，当时政府效仿西方国家，审议并颁布了《学位授予法》，该法规定了学士、硕士和博士三级学位。攻读硕士、博士的学生需要在公立、私立大学或研究院研究为期2年的时间，在考核和复核通过后方能获得相应的学位。这是我国研究生人才培养中正式确立硕士和博士两个培养层次的开端。在当时内忧外患的影响下，我国对研究生人才的培养一直处于比较落后的状态。新中国成立后，经济不断发展，研究生人才培养得到了更多的重视，随着改革开放政策的实施，研究生教育迅速发展。

一、研究生人才培养的起步发展时期(1949—1956年)

新中国成立后，百废待兴，在加速经济建设发展的同时，中央政府十分重视对研究生人才的培养。1951年，政府颁布《关于改革学制的决定》，规定“大学和专门学院得设研究部，修业年限为二年以上，招收大学及专门学院毕业生或具有同等学力者，与中国科学院及其他研究机构配合，培养高等学校的师资和科学研究人才”。这是新中国成立后，第一个关于开展研究生教育的国家文件，该文件的主要目的在于为高等院校培养优秀的教师，为科学研究机构培养优秀的科研人才。1953 年 11 月，高等教育部又颁布了《高等学校培养研究生暂行办法（草案）》，再次以书面文件的形式定义研究生的培养目标为培养高等学校师资和科研人才，并且宣布学习苏联的“导师制”。当时的研究生统称为“师资研究生”，文件明确规定了研究生的毕业资格：毕业后基本可以讲授本专业一两门课程并且需具备一定的科研能力。后来，国务院根据实际需要，为了培养专门人才用以经济建设和科技发展，于 1956 年特批中国科学院培养“副博士”研究生，但由于涉及学位问题，没能得到有效解决，遂将其改为四年制研究生。这两个文件的颁布，极大地推动了研究生人才的培养。

1949—1956 年研究生数量统计如表 3-1 所示。

表 3-1　1949—1956 年研究生数量一览表　　单位：个

年份	研究生招生数	研究生毕业生数	在校研究生数
1949 年	242	107	629
1950 年	874	159	1 261
1951 年	1 273	166	2 168
1952 年	1 785	627	2 763
1953 年	2 887	1 177	4 249
1954 年	1 155	660	4 753
1955 年	1 751	1 730	4 822
1956 年	2 235	2 349	4 841

数据来源：教育部网站教育发展统计公报和相关资料整理。

从表 3-1 可知，由于 1951 年和 1953 年两个重要文件的颁布，当年的研究生招生人数出现了明显的增加，教育事业的发展顺应了经济的发展，同时也推动了经济的发展。

二、研究生人才培养的挫折停滞时期（1957—1977 年）

1957 年开始，政府对教育事业的改革受到了“左”倾思想的影响，录取的研究生质量参差不齐。这一阶段的教育事业包括研究生教育也受到了严重破坏。虽然 1957 年高等教育部制定了《关于今年招收 4 年制研究生的几点意见》,但由于政治和经济方面的因素并未真正实施。因此,总体上这一时期是我国研究生人才培养的"挫折停滞时期"。

1957—1977 年研究生数量统计如表 3-2 所示。

表 3-2　1957—1977 年研究生数量一览表　　单位:个

年份	研究生招生数	研究生毕业生数	在校研究生数
1957 年	334	1 723	3 178
1958 年	275	1 113	1 635
1959 年	1 345	727	2 171
1960 年	2 275	589	3 635
1961 年	2 198	179	6 009
1962 年	1 287	1 019	6 130
1963 年	781	1 512	4 938
1964 年	1 240	895	4 881
1965 年	1 456	1 665	4 546
1966 年	1 137	0	3 409
1967 年	852	0	2 557
1968 年	1 240	0	1 317
1969 年	0	0	1 317
1970 年	0	0	0
1971 年	0	0	0
1972 年	0	0	36
1973 年	0	0	259
1974 年	70	0	180
1975 年	186	0	245
1976 年	189	0	277
1977 年	220	270	226

数据来源:教育部网站教育发展统计公报和相关资料整理。

三、研究生人才培养的恢复发展时期(1978—1985 年)

1978 年,改革开放开启了中国研究生教育发展的新纪元。① 1978 年 1 月,教育部发布了《关于高等学校一九七八年研究生招生工作安排意见》,决定在当年正式恢复研究生招生。全国人大常委会于 1980 年审议通过了《中华人民共和国学位条例》。次年,国务院批准了《中华人民共和国学位条例暂行实施办法》。1983 年,国务院学位委员会第四次会议出台了《高等学校和科研机构授予博士和硕士学位的学科专业目录(试行草案)》,首次划分了学科门类、一级学科、二级学科等内容。至此,中国的学位管理制度正式建立起来,我国的研究生教育与学位管理也进入规范有序的发展时期。因此,我们将 1978—1985 年称为研究生人才培养的"恢复发展时期"。

在此期间,我国的研究生教育在学科结构、专业布局和专业内容、招生方式及培养方案等多个方面都进行了改革,使得研究生教育有了较快发展。

1978—1985 年研究生数量统计如表 3-3 所示。

表 3-3 1978—1985 年研究生数量一览表

单位:个

年份	研究生招生数	研究生毕业生数	在校研究生数
1978 年	10 708	9	10 934
1979 年	8 110	140	18 830
1980 年	3 616	476	21 604
1981 年	9 363	11 669	18 848
1982 年	11 080	4 058	25 847
1983 年	15 642	4 497	37 166
1984 年	23 181	2 758	57 566
1985 年	46 879	17 004	67 331

数据来源:教育部网站教育发展统计公报和相关资料整理。

从表 3-3 看出,随着政治的稳定和经济的复苏,1978—1985 年研究生招生规模总体上呈现出了显著增加的趋势,研究生教育事业得到有序恢复。

① 王小栋、王战军、蔺跟荣:《中国研究生教育 70 年发展历程、路径与成效》,《中国高教研究》2019 年第 10 期,第 33-40 页。

四、研究生人才培养的调整改革时期(1986—1991 年)

1986—1991 年,我国研究生教育开始从规模发展向提高质量方向调整。国家教委 1986 年发出的《关于改进和加强研究生工作的通知》,提出"稳步发展,保证质量"的方针,明确在控制数量的同时,重点要调整好结构,培养模式应多样化。从此,我国研究生教育开始突破传统的重基础、重理论的单一模式,进入多元化发展阶段。特别是 1991 年召开的全国研究生工作座谈会,对推动各有关主管部门和培养单位健全和完善研究生培养制度、促进研究生教育各项改革工作的深入进行、较好地满足建设事业快速发展对高层次人才的需求,起到了积极的作用。因此,我们把这一时期称为研究生人才培养的"调整改革时期"。

这个时期我国排除万难,紧紧抓住以经济建设为中心,坚持四项基本原则,坚持改革开放,始终沿着建设有中国特色的社会主义道路前进,为研究生教育的正确发展提供保证。在这一阶段,教育部总结了研究生培养的经验,改进了研究生培养制度;加强改进研究生思想政治工作,对研究生招生分配工作进行了改革;以提高研究生教育质量为中心,改革了研究生培养工作,开始评选高等学校重点学科,加强重点学科建设。

这一时期研究生数量统计如表 3-4 所示。

表 3-4　1986—1991 年研究生数量一览表　　单位:个

年份	研究生招生数	研究生毕业生数	在校研究生数
1986 年	41 310	16 950	110 371
1987 年	39 017	27 603	120 191
1988 年	35 645	40 838	112 776
1989 年	32 208	36 290	100 810
1990 年	29 649	35 440	93 018
1991 年	29 679	32 537	88 128

数据来源:教育部网站教育发展统计公报和相关资料整理。

从表 3-4 看出,1986—1991 年期间,总体上我国研究生的招生数量呈逐年下降的趋势。这主要因为这一时期是我国研究生教育调整改革时期,从之前的侧重研究生招生规模,向更加重视研究生培养的质量转变。

五、研究生人才培养的深化改革时期(1992—1998 年)

1993 年,中共中央、国务院发布了《中国教育改革和发展纲要》,提出“扩大研究生的培养数量”“完善研究生培养和学位制度”“加强质量监督和评估制度”“大力培养经济建设和社会发展所需的应用性人才”“适当发展新兴和边缘学科,重点发展应用学科”等任务。因此,我国研究生人才培养进入了“深化改革时期”。

这一时期,为了全面实施党中央、国务院确定的科教兴国战略,落实《中国教育改革和发展纲要》及其实施意见,使研究生教育更好地适应我国经济建设、科技进步和社会发展对高层次人才的需求,实现高层次人才培养基本立足于国内的战略目标,1995 年 10 月召开了全国研究生教育工作座谈会,并确定了在“九五”期间,研究生教育改革和发展的基本方针是“立足国内、适度发展、优化结构、相对集中、推进改革、提高质量”。1996 年,国家教育委员会发布了《关于招收攻读硕士学位研究生管理规定》,对推进我国学位和研究生教育的改革和发展发挥了重要作用。此后,还召开了研究生培养工作会议,进一步加强和改进了研究生培养工作。为适应我国经济、科技、教育和社会发展对高层次人才的需要,吸引更多的优秀青年攻读硕士、博士学位,在保证质量的前提下,我国对研究生的招生规定和办法进行了许多修改、补充和完善。这些都标志着我国硕士研究生管理体制走向成熟,这一阶段研究生教育稳定发展,适应了当时经济社会发展的需要。

这一时期的研究生数量如 3-5 所示。

表 3-5　1992—1998 年研究生数量一览表　　单位:个

年份	研究生招生数	研究生毕业生数	在校研究生数
1992 年	33 439	25 692	94 164
1993 年	42 145	28 214	106 771
1994 年	50 864	28 047	127 935
1995 年	51 053	31 877	145 443
1996 年	54 398	39 652	163 322
1997 年	63 749	46 539	176 353
1998 年	72 508	47 077	198 885

数据来源:教育部网站教育发展统计公报和相关资料整理。

从表3-5看出，1992—1998年期间，总体上我国研究生教育规模又呈现出了较快增长的趋势，不管是研究生招生数、研究生毕业生数，还是在校研究生数都有上升，这主要得益于这一时期生产力的解放促使经济社会大发展，对高层次人才的需求越来越迫切，为了适应经济社会的发展的需求，国家扩大了研究生教育的总体规模。

六、研究生人才培养的迅速发展时期(1999—2020年)

进入21世纪，由于经济全球化和新兴信息技术的推动，我国经济社会获得了巨大发展，以科教兴国、人才强国、创新型国家建设为目标的三大战略推动着我国研究生人才培养进入了迅速发展时期。

在1999年召开的研究生培养工作会议上，提出了二十四字方针，即"深化改革、积极发展、分类指导、按需建设、注重创新、提高质量"，在这一方针的指引下，研究生扩招工作开始，招生人数增长迅速。2003年，研究生招生政策开始了重大改革，对今后的学位与研究生教育的发展进行了前瞻性的规划和调整，首次对复试做了具体要求，开始实行差额复试，并且扩大了高校招生自主权。2004年1月，教育部正式设立"学位管理与研究生教育司"，用以履行研究生教育与学位授予的管理。2005年，《教育部关于实施研究生教育创新计划加强研究生创新能力培养 进一步提高培养质量的若干意见》明确提出培养研究生的创新能力，尤其是对博士研究生，不但要求对其进行论文抽查，还通过中国学位与研究生教育学会对在读研究生的质量现状进行调查，开展研究。2006年，教育部委托专门机构对我国研究生教育质量现状开展调查与研究工作。为更好地适应国家经济建设和社会发展对高层次应用型人才的迫切需要，积极发展具有中国特色的专业学位教育，自2009年起，增加5万名全日制专业学位硕士研究生招生计划。2009年8月，教育部下发《关于做好2010年招收攻读硕士学位研究生工作的通知》，要求各招生单位逐步减少学术型研究生招生数量，在2009年学术型研究生招生规模的基础上，减招5%～10%，用于增加专业学位研究生招生。2010年，专业学位硕士研究生招生占整个研究生招生规模的比例已达到24.67%。

2010年，《国家中长期教育改革和发展规划纲要(2010—2010年)》和《国家中长期人才发展规划纲要(2010—2020年)》全方位提出国家对教育工作和人才培养的中长期战略部署，其中提高质量成为研究生教育改革发展最核心的任务。2012年，教育部《关于全面提高高等教育质量的若干意见》中，提出了"改革研究生培养机制”,进一步完善了研究生教育的制度保障。2013 年,教育部、国家发展改革委、财政部联合印发了《关于深化研究生教育改革的意见》,确立了“服务需求、提高质量”的总体思路。2014 年,国务院学位委员会举行全国研究生教育质量工作会议,将中国的研究生教育推向了“质量建设时代”。这一时期的突出成就是建设了“五位一体”的质量保障体系。2015 年 10 月 24 日,国务院印发《统筹推进世界一流大学和一流学科建设总体方案》,要求按照“四个全面”战略布局和党中央、国务院决策部署,坚持以中国特色、世界一流为核心,以立德树人为根本,以支撑创新驱动发展战略、服务经济社会发展为导向,坚持“以一流为目标、以学科为基础、以绩效为杠杆、以改革为动力”的基本原则,加快建成一批世界一流大学和一流学科。“双一流”的提出,为研究生人才培养提供了新的机遇。2019 年 2 月,中共中央、国务院印发了《中国教育现代化 2035》,明确了实现教育现代化的实施路径,为新时期研究生教育的发展指明了方向。2020 年 9 月,教育部、国家发展改革委、财政部发布《关于加快新时代研究生教育改革发展的意见》,提出坚持创新引领,增强研究生使命感责任感,全面提升研究生知识创新和实践创新能力。

2020 年,由于受新冠疫情的影响,教育部在国家发展改革委等相关部门的大力支持下,综合考虑经济社会发展需求、财政支撑的情况,以及高校办学条件等因素,决定进一步扩大研究生的招生规模,并将研究生扩招重点投放在服务国家战略和社会民生急需领域。研究生计划增量,重点投向临床医学、公共卫生、集成电路、人工智能等专业,而且以专业学位培养为主,以高层次的应用型人才专业学位为主。

这一时期的研究生数量统计如表 3-6 所示。

表 3-6　1999—2019 年研究生数量一览表　　单位:个

年份	研究生招生数	研究生毕业生数	在校研究生数
1999 年	92 225	54 670	233 513
2000 年	128 484	58 767	301 239
2001 年	165 197	67 809	393 256
2002 年	202 611	80 841	500 980
2003 年	268 925	111 091	651 260
2004 年	326 286	150 777	819 896

表 3-6（续）

年份	研究生招生数	研究生毕业生数	在校研究生数
2005 年	364 831	189 728	978 610
2006 年	397 925	255 902	1 104 653
2007 年	418 612	311 839	1 195 047
2008 年	446 422	344 825	1 283 046
2009 年	510 953	371 273	1 404 942
2010 年	538 177	383 600	1 538 416
2011 年	560 168	429 994	1 645 845
2012 年	589 673	486 455	1 719 818
2013 年	611 381	513 626	1 793 953
2014 年	621 323	535 863	1 847 689
2015 年	645 055	551 522	1 911 406
2016 年	667 064	563 938	1 981 051
2017 年	806 103	578 045	2 639 561
2018 年	857 966	604 368	2 731 257
2019 年	916 503	639 666	2 863 712

数据来源：教育部官网。

根据教育部办公厅《关于统筹全日制和非全日制研究生管理工作的通知》（教研厅〔2016〕2 号）要求，2017 年起研究生招生、在校生指标内涵发生变化，增加了非全日制研究生数据。

总体上看，这一时期我国研究生人才培养在招生规模、制度建设、理论创新等方面实现了跨越式增长。到 2019 年，研究生招生人数已经达到 90 多万人。2020 年，由于受新冠疫情的影响，教育部决定 2020 年扩招硕士研究生 18.9 万名，研究生招生人数将首次超过百万，在校研究生总规模将达到 290 万人，并明确将继续扩大相应招生规模。

第二节　我国研究生拔尖创新人才培养现状分析

研究生教育是人才培养的最高层次，肩负着为国家培养新世纪高层次创新人才的重任，担负着推动社会经济发展的责任，培养高质量人才关系到国家的生存与民族的兴旺。如何培养大批具有扎实基础理论，接受过优良工程教育，具备卓越创新能力的研究生拔尖人才，不仅是世界各国都在研究的问题，也是我国高等教育人才培养面临的一个问题。①

2002 年，在党的十六大报告中，首次提出了“拔尖创新人才”这一概念，报告指出“全面推进素质教育，造就数以亿计的高素质劳动者、数以千万计的专门人才和一大批拔尖创新人才”。在 2003 年人才工作会议上又提出了“努力造就数以亿计的高素质劳动者、数以千万计的专门人才和一大批拔尖创新人才”这一论断。

2009 年，教育部联合中组部、财政部启动“基础学科拔尖学生培养试验计划”（简称“珠峰计划”），是国家为回应“钱学森之问”而推出的一项人才培养计划，旨在培养基础学科的拔尖创新人才，选择了多所大学的数学、物理、化学、信息学、生物 5 个学科率先进行试点，力求在拔尖创新人才培养方面有所突破。

2010 年，《国家中长期教育改革和发展规划纲要（2010—2010 年）》和《国家中长期人才发展规划纲要（2010—2020 年）》（简称《纲要》）全方位提出国家对教育工作和人才培养的中长期战略部署。《纲要》组织实施的一个重要任务就是培养造就创新型科技人才，以高层次创新型科技人才为重点，努力造就一批世界水平的科学家、科技领军人才、工程师和高水平创新团队，注重培养一线创新人才和青年科技人才，建设宏大的创新型科技人才队伍。

2010 年 3 月 2 日，在教育部举行的新闻发布会上，时任教育部高等教育司司长张大良提出拔尖创新人才的培养是一项系统工程，需要社会、家庭、学校、用人部门，包括新闻媒体的大力支持，并着重从学生的遴选、教师的配备、培养模式、营造氛围、制度创新、条件支持、国际合作等七个方面抓改革，营造拔尖创新人才脱颖而出的良好氛围和政策机制。

此后，首批基础学科拔尖学生培养试验计划的入选高校开始了一系列拔尖创新人才培养的探索，主要模式有三种：一是少年班模式；二是学院制模式；三是实验班模式②，具体示例如表 3-7 所示。

① 李毅红：《高等院校的创新教育》，《高等教育论坛》2C02 年第 1 期，第 40-45 页。

② 郭群：《美国荣誉教育与我国“拔尖计划”人才培养模式的对比与探究》，吉林大学 2019 学位论文，第 22 页。

表 3-7　基础学科拔尖学生培养试验计划入选高校培养模式示例

学校	拔尖创新人才计划名称
北京大学	元培计划
清华大学	清华学堂人才培养计划
南京大学	英才培育计划
复旦大学	望道计划
中国科学技术大学	科技英才班
浙江大学	求是科学班
上海交通大学	致远学院
同济大学	生命科学英才班
南开大学	伯苓班、省身班
兰州大学	萃英学院
西安交通大学	基础学科拔尖人才实验班
武汉大学	弘毅学堂
四川大学	小班教育课程优化班
中国科学院大学(国科大)	果壳计划
哈尔滨工业大学	英才学院
中山大学	逸仙班
厦门大学	小批特别拔尖学生班
北京师范大学	励耘学院
北京航空航天大学	高等工程学院
吉林大学	唐敖庆班
山东大学	泰山学堂

为了培养工程技术类拔尖创新人才，教育部于 2010 年 6 月 23 日提出了“卓越工程师教育培养计划”(简称“卓越计划”)，目标是培养造就一大批创新能力强、适应经济社会发展需要的高质量各类型工程技术人才，为建设创新型国家、实现工业化和现代化奠定坚实的人力资源优势，增强我国的核心竞争力和综合国力。

卓越工程师教育培养计划是教育部贯彻落实《国家中长期教育改革和发展

规划纲要（2010—2020 年）》和《国家中长期人才发展规划纲要（2010—2020 年）》的重大改革项目。“卓越计划”实施的层次包括工科的本科生、硕士研究生、博士研究生三个层次，为新时期工科类研究生拔尖创新人才培养提供了新机遇。

为了落实国家的“卓越人才培养计划”和提高人才培养质量，我国高等院校纷纷对卓越人才培养路径进行了积极探索，通过调整相关专业本科阶段的人才培养目标、课程设置和课程教学内容的结构等，对卓越人才培养模式进行了一系列的改革。开展卓越人才培养的路径主要有两种：一是包括 4 种卓越人才培养模式的本科阶段应用型专业人才培养路径，二是包括 6 种卓越人才培养模式的本硕博连读拔尖创新型专业人才培养路径。①

2019 年 2 月，中共中央、国务院印发了《中国教育现代化 2035》，聚焦教育发展的突出问题和薄弱环节，立足当前，着眼长远，重点部署了面向教育现代化的十大战略任务，其中提升一流人才培养与创新能力为战略任务之一，并提出加强创新人才特别是拔尖创新人才的培养，全面提升高等学校原始创新能力。

2019 年 9 月，教育部发布《关于 2019—2021 年基础学科拔尖学生培养基地建设工作的通知》，提出遵循基础学科拔尖创新人才成长规律，以体制机制创新和教育教学改革为重点，强化使命驱动，注重大师引领，创新学习方式，提升综合素养，建设基础学科拔尖学生培养一流基地，着力培养未来的杰出自然科学家、社会科学家和医学科学家，提升国家硬实力、软实力和健康力，为把我国建设成为世界主要科学中心和创新高地奠定人才基础。

2020 年 9 月，教育部办公厅发布《关于 2020 年度基础学科拔尖学生培养基地建设工作的通知》，对培养基地的建设范围、申报条件等做出了明确说明。

综上所述，我国研究生拔尖创新人才培养正步入一个崭新的时期，国家的政策支持和资金投入都是前所未有的，可以预见我国研究生拔尖创新人才将会出现一轮井喷。但是，目前也存在一些问题需要重视。比如研究生拔尖创新人才培养定位仍不够明确，研究生教学师资有待提高，研究生的创新能力、知识融合和综合运用能力仍明显不够等。不少研究生在学术和工程应用上缺乏开拓创新精神和独立思考意识，不能融会贯通，从而难以在本学科前沿及交叉领域有所创新。

---

① 刘占柱、尚微微、徐玲：《卓越人才培养路径的研究与实践：以吉林农业大学为例》，《中国林业教育》2016 年第 2 期，第 14-18 页。

第三节　国外主要国家研究生人才培养模式分析

一、国外主要国家研究生人才培养现状分析

国外的研究生教育起步较早，从世界范围看，现代研究生教育发端于19世纪上半叶的德国，1806年洪堡创建柏林大学。可以说，德国开启了世界研究生教育的先河。美国、日本和英国的研究生培养深受德国先进的研究生培养模式影响。随着研究生数量的增加，各国对质量的要求越来越高，尤其是研究生创新意识和创新能力的培养。以下主要从管理制度和培养机制两方面对国外主要国家研究生人才培养现状进行分析。

美国历史上第一个以培养研究生为主的大学是约翰斯·霍普金斯大学，于1876正式设立研究生院，培养研究生人才，标志着现代研究生教育的形成。美国科学、工程与公共政策委员会于1995年发表的一份重要研究报告，解释了研究生教育的最佳结构和功能，引起美国对研究生教育的重视。1997年，美国国家科学基金会启动了“研究生教育与科研训练一体化项目”（Integrative Graduate Education and Research Traineeship Program，简称“IGERT项目”），该项目资助领域为学科交叉领域，帮助研究生接触到学术界以外的专业人士。美国研究生培养注重实用，课程的设置与行业紧密结合，实操性强。研究生教育从招生到授予学位，权力都是下放到基层。美国高校的研究生院录取研究生，注意全面考查，不以分数论高低，注重面试考核，希望全面真实、客观、具体地反映学生的水平。具体培养过程和机制以跨学科课程为基础设计课程，提升研究生的跨学科研究能力；开展创业教育，培养研究生的创新、创业意识与能力；搭建创新学习平台，不断完善激励机制，催生更多的创新成果，调动研究生学习与研究的积极性。① 此后，经过140多年的发展，美国已经成为世界上研究生教育的领先者，在培养方式、培养过程、管理制度等多个方面处于世界领先的地位。美国的研究生培养模式是一种新型的具有超前思维的模式：教育界、商界和政府协同合作的模式，注重的是学生的综合素质和发展潜力。②

---

① 吴雪萍、袁李兰：《美国研究型大学研究生创新人才培养的基础、经验及其启示》，《高等教育研究》2019年第6期，第102-109页。

② 王颖：《美国研究生教育的淘汰机制及启示：以哈佛大学、麻省理工学院为例》，《当代教育科学》2009年第9期，第44-47页。

英国作为传统教育强国，在研究生培养模式、质量保障等方面都处于世界领先地位。英国的研究生教育起源于欧洲中世纪的高级学位教育，并由牛津大学、剑桥大学等老牌大学的本科后教育发展而来。1862 年，英国伦敦大学第一个设立了科学博士学位，1878 年达勒姆大学设立了科学硕士学位，之后科学博士和科学硕士学位逐渐被各个大学接受，这标志着英国大学的研究生教育正式开始①。1919 年 5 月，联合王国大学协会正式提出研究生培养制度，即大学本科毕业后，经过 1 年以上的学习，完成毕业论文并通过答辩，可以获得相应的硕士学位，这就是英国现行研究生教育的基本模式。之后，英国的研究生教育获得了长足的发展。英国研究生教育非常重视研究生科学研究能力的培养，如剑桥大学研究生教育侧重于研究生对相关理论和研究方法有深入理解，表现出研究者独有的洞察力与创新性。在培养方式上，注重从交叉学科对研究生综合能力的培养，比如剑桥大学通过增设多种交叉学科新课程，培养学生对其他学科的兴趣，提高研究生培养的质量。建立“产—学—研”一体化的培养模式，培养研究生的实践与创新能力；而且建立严格的导师制度，将导师能否培养出具有创新能力的研究生作为工作评价的重要标准。英国始终将培养研究能力贯穿于研究生教育的全过程，形成了实用高效的培养体系。学风严谨，考核制度健全，实行淘汰制，硕士生的学术水平要求严格，政府在对高校研究生的教育水平和科研经费进行评估的基础上考量基金经费资助问题而且学术交流比较频繁，以上措施的实施使得英国研究生人才培养质量处于世界前列。

德国被认为是世界研究生教育的发源地。1806 年洪堡创建柏林大学，倡导教师引导学生从事科研，并以一种有组织的学徒制的模式对研究生进行科研训练，“学徒制”是早期研究生人才培养的模式，推动了世界研究生教育的发展。之后，德国的研究生人才培养获得较快发展。德国研究生教育强调研究生从事科研训练，提升研究生的科研素养。比如海德堡大学、弗莱堡大学、康斯坦茨大学等大学的研究生院类似于课题小组，它因课题而构建，并非永久性的，由来自相近学科的教授和博士生组成，共同进行一个课题研究。德国的高等教育一般采用一体化培养，本科生教育与研究生教育一起培养，在完成本科生学习过程的课程基础上，进入研究生教育，学习专业课程，进行毕业论文设计。只有满足基础阶段的课程要求且考试合格，才能进入专业阶段的学习，获得相应的学位。科研能力强的学生可进入研究所，进行较高层次的科研和实践的培养。德国高

① 刘冰：《英国大学研究生教育的研究》，辽宁师范大学 2010 年学位论文，第 74 页。

校的研究生导师拥有很大的自主权，多数高校研究生的管理主要是教授主导的项目管理体制，在攻读研究生期间，主要工作就是完成自己参与的项目；在研究期间，注重学生研究团队的合作和自我管理。德国高校研究生人才培养的“双元制”模式是目前国际公认的较为成熟的、有效的人才培养模式。德国的研究生人才培养从师资队伍构建、培养方式、教学方法改革以及校企项目合作等环节入手，多方面保证了研究生的综合性能力提升。①

日本早在 100 多年前就建立了研究生教育制度，但是，相比其他教育发达国家，日本的研究生教育发展相对比较缓慢。1886 年，日本颁布了《帝国大学令》，同年在东京帝国大学设置了大学院，从此开始了日本研究生教育的新篇章。② 但是，受到第二次世界大战的影响，日本的研究生教育质量下降，人才流失严重，直到 20 世纪 70 年代以后，日本为了适应经济社会发展的需要，采取多种形式办学，扩大研究生教育的规模，加大对研究生教育的投入，才使得日本研究生人才培养出现了快速发展。如 1991 年，日本大学审议会发布《关于大学院量的调整》，提出到 2000 年研究生人数增加到当时的 2 倍。日本的研究生人才培养注重国际化教育，为了实现国际化，日本鼓励高校采取校内各学科间的横向联合、不同大学间或者与国外大学的优势学科“强强联合”的组织方式进行学术研究，签署了大量的大学交换项目合作协议，这种打破学科限制开展跨专业、跨校合作研究的组织结构加强了学术组织的弹性，促进了学科间的交流，激发了高校的内部活力。在研究生人才培养过程中，注重质与量的协调发展，改“导师制”为“课程制”，充实教育内容等。通过以上改革，日本的研究生人才培养水平逐渐赶上发达国家的教育水平，培养出了一大批拔尖创新人才。

从以上各个国家研究生人才培养的发展现状不难看出，无论哪个国家，虽然在研究生人才培养方式、培养机制等方面有部分差别，但研究生教育的主要目的大体一致，都是为了培养高层次创新型人才。

二、国外主要国家研究生拔尖创新人才培养对比分析

随着经济全球化深入发展，国家创新能力已经成为衡量各国综合竞争力的重要指标，拔尖创新人才培养已成为世界各国高等教育的重要任务。在这种情

① 林先其、熊鹰：《德国应用型研究生培养经验借鉴与思考》，《当代教育实践与教学研究》2016 年第 7 期，第 236 页。

② 李颖：《日本研究生教育发展浅析》，《世界教育信息》2007 年第 8 期，第 66-68 页。

况下，各国根据自己的发展需要，积极开展研究生拔尖创新人才培养，但是在培养模式上却不尽相同，形成了各自独特的风格。根据谢佳丽(2010)、汪辉(2013)、郭艳利(2011)、许硕和李靖(2015)、李志红和许放(2012)等对国外研究生拔尖创新人才培养现状的研究，总结如表 3-8 所示。

表 3-8　国外主要国家研究生拔尖创新人才培养综合比较

国家	培养目标	入学方式	培养过程	教育理念	培养模式	管理体制
美国	以培养学术精英为导向，培养出高水平、高能力的荣誉学生	宽进严出；综合素质的考验	选择自主、校企合作、特色评估制度	以市场调节为主、国家适当干预为辅的开放型高教运行体制，适应性及高度的灵活性、开放性成为其特有的优点；政策性引导	协同创新荣誉教育	权力下放、质量严抓的外松内紧的管理体制
德国	卓越人才	学徒制的培养模式	考试严格、国际通用与传统学位体制相结合	教学与科研相结合、独立钻研与团结合作；强调学术自由，注重学术成就	一体分层式教育双元制	教授主导的项目管理体制
日本	注重层次化，硕士研究生强调专业化、博士研究生重视学术贡献	本科论文质量的考查严格，笔试加面试考查研究能力与逻辑思维和语言表达能力	关注学生的实际动手能力和对问题的探究能力；学科交叉学习，教学方法多样，鼓励师生交流，小组学习	研究生教育和培训形式呈现多样化的发展趋势；"国家需要"的实用主义理念	卓越研究基地计划	以绩效为导向的管理体制
英国	注重教学与社会的联系	具备本科学历的入学条件，在校期间如果成绩达不到学校的要求会被开除或者是留级	教师提供参考教材，指定学习有影响力的论文，硕士论文不要求答辩；通过积累较扎实的知识基础，在导师的指导下，做出理论基础与创新要素皆有的论文	注重学生创新能力的培养；精英教育	"产—学—研"协同培养的一体化模式	完善的评估、监控、教师教育管理体制；行政权力与学术权力相互制衡与协调

从表 3-8 中可以看出，西方高等教育发达的国家在研究生拔尖创新人才培养方面存在着某些共性。比如，提高实用性，注重为社会经济发展服务；强调理

论学习与科学研究；注重研究生拔尖创新人才能力的培养；注重团队精神，形成有本国特色的研究生培养模式等。这些都是我国研究生拔尖创新人才培养值得借鉴的地方。

第四节　国外研究生拔尖创新人才培养的启示

当前，社会人才需求以及教育环境的变化都促使着教育理念发生改变，我国的研究生人才培养水平和质量与国外相比还存在着差距。根据前文发达国家有关研究生人才培养现状和拔尖创新人才对比分析，为我国研究生拔尖创新人才培养提供借鉴。①

一、倡导树立现代的教育理念

教育理念是人们在教育实践过程中形成的对教育发展的指向性的理性认识。它影响人们对教育中一系列基本问题的看法，支配人们的教育行为。教育理念有群体的和个体的之分。群体的，尤其是国家的和社会上大多数人的教育理念，对个体教育理念的形成有很大影响。一个国家的教育理念，是紧紧围绕某一特定目标而构建的，并从总体上控制整个教育活动过程的教育基本观点。一个国家的教育理念只有转化成社会成员的个体教育理念，才能成为真正影响和支配人们的教育思想和行为的强大精神支柱。要引导教师、教育管理人员及研究生树立创新教育观，促使智力因素与非智力因素相互协调和谐发展，注重研究生的自学能力、研究能力的挖掘和创新思维的培养，正视个体差异，促进智力因素和非智力因素（学习动机、情感、意志等）的培养。

研究生教育作为培养高层次人才的教育，每一个国家都有自己的教育目标和价值追求，研究生教育能否健康发展和人才辈出，受到其内部、外部众多因素的制约。创新人才应具有创新思维能力、合理的智能结构和高尚的人格品质三个特点。高校实施创新人才培养，必须树立创新人才培养的教育理念，构建合理的创新培养体系及创新人才培养的课程体系，同时要在学生中倡导创造性学习，关键要抓好创新型师资队伍建设、完善研究生培育制度及营造创新学习氛围。美国的协同创新教育理念、英国的精英教育理念、日本

---

① 张月梅、周文翠：《国外研究生创新教育初探：以德、美、英、日四国为例》，《继续教育研究》2015年第2期，第141-144页。

的“卓越计划”教育理念，德国先进的一体分层式教育、双元制的教育理念，都是现代教育理念的典范，我们要吸取其中的优点，牢固树立现代教育的理念，以学生为本，不断完善研究生拔尖创新人才培养的模式、教育教学方法，以适应拔尖创新人才的需求。

二、实施人才培养国际化战略

1. 办学模式国际化

世界一流大学都十分重视学生的国际交流，在校的外国留学生比例较高，积极招收国外学生，同时鼓励国内研究生去国外留学。留学生既是学生也是文化使者，他们在留学过程中促进了国际科技、文化的交流与渗透。通过国外优质教育资源的引入加上合理的收费，就可能因高性价比而具有吸引力，这样既有效减少本国生源的外流，又能吸引周边国家和地区的优秀生源。我国研究生的招录制度偏重考试，但是，研究生更应该具备的学术基础和科研能力很难通过现有的考试体现出来。因此，在招录制度中应适当地增加导师的参与度，体现导师的自主权；在学习的过程中应全面地考察学生的综合素质，经常举行如学术交流之类的读书报告，以此来考察学生的理解能力、创新能力和科研能力。

2. 教育质量国际化

高等学校是培养高层次人才的摇篮，必须拥有一支实力雄厚、具有学术创造热情的、充满活力的研究生导师队伍。教师不仅要经常走出国门，而且要不断地把国外那些有学术活力的知名学者请进来，通过教学、科研进行广泛的学术交流，使教师队伍具有国际水准，使教学、科研始终处于世界教育与科技的前沿。规范导师选聘制度，改善师生研究环境，研究生“导师组”制在高层次人才培养方面具有重要的作用，通过打破传统的“单一导师制”，构建高素质、多学科交叉、资源共享的“多元化导师组制”，确保扩招后研究生培养质量提升。采用多样的授课方式，如讨论式、参与式、任务式等，调动课堂气氛与学生的积极性，教学过程主要围绕培养研究生的科研、创新和解决问题的能力进行，与学生进行互动交流 通过布置任务、课题引导学生养成科研习惯、掌握研究方法，为创新研究打下基础。

3. 研究生课程国际化

教学内容如果不能与时俱进，是不能够培养出具有创新能力和创新精神的学生的。开设体现国际观点的国际课程，邀请国内外知名专家学者进行学术交流，拓展研究生学术视野；投入大量科研经费，鼓励科研团队积极参与国际学术交流、承担国际合作项目，扩大国际影响；应取长补短，在教学内容与方法上与国际接轨，进一步提高研究生的培养质量，适应研究生国际化的需要。注重跨学科研究，一流的研究型大学离不开一流的学科，加强学科建设是当前学校发展的重点。美国研究生教育就特别强调基础理论的学习，在硕士生的课程设置中，基础授课数达到50%以上，专业课只有20%～30%。除了重视基础课程，还应在选修课上依照“高、深、新、宽”的特点设置，课程设置起点高，问题讲解深入，课程内容新颖，学科交叉知识面宽广，让研究生在涉猎专业知识的同时拓宽学术视野。

4. 国际化学位制度

宽进严出，加强培养过程中的淘汰制。学位制度是各国普遍采用的研究生培养制度。我国的学位制度虽具有本国特色，但现行学位制度中的一些规定与教育全球化是无法协调的，如国家统一设置授予博士、硕士学位和培养研究生的学科、专业目录等，在过去虽在保证研究生培养质量方面发挥了作用，但已经不太适应时代的发展，特别是在学科的交叉、交融和新学科产生的情况下，不利于研究生教育的个性化发展和学校参与国内外竞争以及自主办学。要走研究生教育国际化的道路，就必须继续借鉴国际上好的做法，进一步深化改革。研究生教育观念的国际化是研究生教育国际化的一个方面。我国是一个教育大国，但还算不上是一个教育强国。我们的研究生教育与世界上的教育强国相比，在很多方面都有差距，必须尽快融入国际研究生教育的主流，与教育强国对话和交流，在参与竞争中求发展。采取对外合作办学的方式就必须明确合作的目的，端正办学思想，把合作办学作为与国际接轨的发展契机，而不可把合作办学只视为一种创收手段。

三、开展全方位教育合作项目

1. 实现研究生培养目标、培养模式的多元化

在培养目标上注重层次化和多样化，研究生拔尖创新人才培养目标尽管可能是多元化的，但必须以学术研究和创新能力的培养为核心，丝毫不能动摇。也就是说，研究生教育的培养目标既包括培养从事严谨的学术研究的高层次研究者，也包括培养在社会中能够多方面发挥作用的高水准的全面人才，还可能

要满足再学习的需要，但是必须紧紧围绕学术研究和创新能力的培养这个核心不动摇。由于培养目标的不同，在具体要求上也应该有所区别。学术型人才，通过建立宽厚扎实的专业知识基础，重点培养学生广阔的思维视野、敏锐的观察力和不断进取的创新能力，在课程学习和学位论文上都应该有较高的要求。专业型人才，主要是通过相关课程和案例的学习与研讨，提升其解决实际问题的能力，在课程学习的深度、广度以及学位论文质量等要求上可适当降低。在当今社会中，在培养人才的过程中要增加学位的层次化和培养模式的多样化。因此来说，鼓励学生增强创新意识，以此来提高研究生培养质量势在必行。

2. 增加科研实践环节与校企合作

研究生阶段，应加强学生动手能力的培养，增加实践机会，使他们可以多观察、勤思考，以培养多维度思考问题的习惯。导师参与和开发的科研项目，应该给其研究生参与的机会，让研究生在参与研究的过程中，了解科研项目进行的程序步骤，在实际研究中应用自己所学的理论，从发现问题、解决问题中激发创新的灵感，查找不足，积累知识。建立校企合作培养方式，聘用企业高层、技术科研人员担任导师或兼职导师，有利于强化研究生理论联系实际，培养解决问题的能力。学校通过与社会、企业、市场之间的学术、技术、人文等方面的广泛交流，可以强化教师的创新意识，使教师能自觉地将新的教育理念、科技动态、技术引入研究生教育，扩大研究生教育的开放性。

3. 创设良好的学术环境，注重研究生的拔尖创新人才能力培养

浓厚的学术氛围、完善的科研设备及高素质的服务人员，为创新型人才的培养提供了基础保证，高水平的硬件资源是创新人才培养的有利条件。高校图书馆丰富的藏书为师生的学习研究提供了丰富的信息资源，图书馆丰富的馆藏以及便捷的服务能够给研究生提供扩展知识、接触前沿最新成果的机会，学生可以及时了解当今各行业领域的最新动态、科研成果，开拓研究视野，提高研究能力。学校要设法营造一个良好的学术环境，让研究生广泛参加各种学术活动，使学生通过参加学术活动，与同行接触交流，孕育创新的思想，产生从事科学研究的兴趣，使学生在一种良好的学术环境中潜移默化地培养创新素质与创新能力。

本章小结

随着研究生的扩招，数量的增多必然带来质量的下降，但是教育观念的改进、教学条件的提升、完善的质量保障体系的构建等会改变状况，质量不仅不会下降，反而会维持原状或有提升。本章从我国研究生创新人才培养的发展历程入手，分析了培养现状以及存在的问题，同样分析了国外研究生的培养方案，期望能够对我国的研究生创新人才培养有所启示。

第四章　研究生拔尖创新人才培养制约因素分析

研究生拔尖创新人才的培养受多方面因素影响，既包括研究生本身的因素，也有教师方面的因素，还有科研团队方面的因素以及培养机制如教学模式、课程设置等方面的因素。我国高校在培养拔尖创新人才的过程中做了很多探索，但仍存在一些问题，本章将从个体、制度、导师以及团队层面进行具体分析。

第一节　个体层面

事物的发展趋势是由内因和外因共同决定的，研究生拔尖创新人才能力不高也有着研究生自身的原因，其中最主要的一点就是学习、科研不投入。具体表现在生源质量参差不齐、学习动机不纯、自我管理能力不强、创新意识不强等方面。而在校研究生创新的途径主要是学习、科研实践。如果学习、科研不投入，就谈不上有创新。

一、生源质量参差不齐

众所周知，生源是制约研究生拔尖创新人才能力培养的重要因素。一些重点大学总是更能够吸引很多优秀的学生报考，从来不缺乏优秀的生源。但是，我国的研究生入学考试比较重视初试成绩，一些生源虽然初试成绩非常高，但是并不代表科研创新潜力大，导致在研究生阶段出现能力参差不齐的现象。另外，普通院校虽然在生源质量上不能和重点大学相提并论，但是其中也不乏综合能力强、素质高的学生，如何将这些生源在研究生阶段培养成为拔尖创新人才，也是值得深思的问题。

二、学习动机不纯

学习动机与学习效果有着密不可分的联系。研究生学习要求外部干扰小，学习动机比较单纯，进入一个专业就会不遗余力地学好它，有甘坐冷板凳的毅力和恒心。现在很多研究生的学习动机需要提升，他们读研更多的可能是为了能够将来找一个好的工作，所以他们入学是为了毕业。这极容易使研究生在学习过程中滋生出浮躁、功利、应付的学风，导致学生研究动力不足、研究风气淡薄、思考能力下降、动手能力弱、科研原创意识差等不良现象的产生。很多研究生更加关注的是各种各样的兼职工作和社会活动，对于课程学习、科学探索以及学位论文投入时间少，很难有创新成果。这样的学习动机必然不能引发好的学习效果，带动不了研究生积极投入到学习、科研活动中去，从而影响创新能力的培养和提高。

三、自我管理能力不强

自我管理能力是研究生综合能力的重要方面，尤其是在 2020 年新冠肺炎疫情发生以后，自我管理能力的重要性更是不言而喻。现在的研究生自我管理能力都比较弱，主要原因是研究生的年龄越来越年轻化，大多数研究生都是应届毕业直接读研，中间没有过工作经验。这样的研究生从学校到学校，一直处于集体生活中，一直接受学校和教师的管理，自我管理能力不强，心理结构不够稳定。他们进入到研究生学习阶段后，难以适应研究生自主学习和生活的特点。再加上一些学校的科研环境和科研氛围欠佳，导师如果管理比较松散，他们往往会失去对学科和专业学习的兴趣，迷失方向。

四、缺乏创新意识和创新能力

一直以来，受应试教育模式的惯性影响，我国研究生在科学研究的时候缺乏创新意识，更多的是简单效仿、循规蹈矩，而不敢打破常规，束缚在以往的思维模式当中，而不去变通、创新。这主要体现在以下几个方面。第一，我国研究生进行科学研究时，大多围绕导师的课题，自由探索的课题少，其好处在于风险小、难度小、经费有保证。但是自己对于选题的思考就会减弱，甚至无思考，导师给什么选题就做什么选题，这无形中减少了学生创新的可能性。第二，缺乏远大的理想与抱负，社会责任感不强。学术研究的创新，除了具有扎实的理论基础、学术水平之外，还必须具备一种潜心做研究的品质，一种愿意为学术奉献自己的青春年华的精神。迫于经济、生活、就业等各方面的压力，研究生们无暇专注学术，为了能顺利毕业，很多研究生选择那些容易出成果的研究，这不利于创新人才的培养。创新意识和创新能力重在训练和激发，这就要求对研究生课程和教学的设计应该求新求异，激发学生的创新兴趣，不能照本宣科、墨守成规。同时，要在实际科研训练中获得思考的方法，开阔视野，发散思维。创新意识和创新能力不是单一的能力素质，而是一种由多种变量相互促进的综合的能力，需要从多方面努力才能有成效

五、研究生的“逆商”不高

所谓“逆商”是指人们面对逆境时的反应方式，即面对挫折、摆脱困境和超越困难的能力。健康的心理是研究生拔尖创新人才的必备的特征之一，而面对逆境，如何应对反应的是研究生的“逆商”。这方面现实情况却不容乐观。近年来，因心理问题导致研究生做出极端行为的情况时有发生。究其原因，主要是研究生的“逆商”不高。这主要表现在以下几个方面。第一，对自我的定位不准确，导致耐挫能力不强。研究生教育是我国的最高层次的教育，能进入高校接受研究生教育的研究生们，都是从小到大比较优秀的，但是一旦到了研究生阶段没有自己想象得那么顺利，就会出现挫败感，产生负面情绪。如果不及时处理，研究生就会情绪低落、缺乏学习兴趣，还有的研究生从此一蹶不振、灰心丧气，甚至会发生一些极端情况。这些都是对自身认识、定位不准确的表现。第二，社会各种不公平不公正的现象刺激了内心的脆弱感。一些所谓的“富二代”“官二代”等不用怎么努力，就能有一份很好的工作，过上优裕的生活。而一些有着真才实学的人却因为没有背景得不到重用，拿着较低的工资收入。这种状况导致很多研究生唯关系和金钱至上，不脚踏实地进行科学探索，很难有所创新。第三，生活、情感问题没有得到妥善解决，加剧了思想负担。研究生一般处于 20 多岁到 30 多岁的年龄段，是成家立业的阶段，他们要考虑家庭、就业、买房、赚钱等各种生活和情感的问题。这些现实问题如果得不到妥善安排和解决，就会出现伤心、焦虑、忧愁、烦闷等心理症状，当这些不能得到有效排解时，思想负担就会越压越重，也就很难专心投入科学研究，甚至有些人就会选择走极端，这严重阻碍了研究生拔尖创新人才的培养。

六、研究生性格特征不同

每个人都有各自不同的性格，不同的性格对创新的影响也不相同。性格是

人们在日常生活中所表现出来的比较稳定的、具有核心意义的个性心理特征，它能够表现人们对周围事物的态度。性格类型大致可以分为现实型、探索型、艺术型、社会型、管理型和常规型六种，不同性格的人有不同的特点。第一，具有现实型性格特征的人往往缺乏创造性和原创性，做事喜欢遵循固定模式，考虑问题方式单一、绝对，较为保守。第二，具有探索型性格特征的人往往有强烈的好奇心，凡事爱问为什么，喜欢理论思考和哲学思辨，非常具有创造性。第三，具有艺术型性格特征的人有想象力与创造力，喜欢表现自我，思维联想和发散性强。第四，具有社会型性格特征的人喜欢与人交流，表达自己，勤于思考。第五，具有管理型性格特征的人敢于冒险，思维敏捷。第六，具有常规型性格特征的人倾向于保守和遵循传统，不喜欢打破惯例，固执，精确，缺乏想象力和创造力。现实生活中，每个人都是六种性格的混合体，但只有一种占主导地位。从上面的分析中我们可以看出，不同性格特征的人的创新动机和愿望以及能力都是不同的，它影响着研究生拔尖创新人才能力培养的效率和水平。一般而言，具有探索型、艺术型和社会型性格特征的人有更强烈的创新动机及提升自身创新能力的愿望和习惯，更有利于培养成拔尖创新人才。另外，我们还要注意的是，研究生缺乏良好的个性品质，如缺乏毅力、恒心和信心，缺乏团队协作精神，对研究生拔尖创新人才培养也有较大的影响。性格对能力的培养产生影响的同时，能力的不断培养和技能的不断学习也能促进性格的形成，在研究生拔尖创新人才能力培养的过程中我们应充分利用这一点。

七、自身知识储备不足，知识结构体系不完善

当前，社会对全面发展的复合型人才的需求越来越大，这对研究生的文化素质提出了更高的要求。① 与先进国家相比，我国在研究生拔尖创新人才培养上存在明显差距，具体表现是研究生知识面和视野较窄，创新意识和创新能力不强。② 当前我国研究生仍然有相当比例学识水平和知识结构存在问题，最突出的表现就是知识结构的失衡，即重科技知识轻人文知识的现象比较严重，这在一定程度上阻碍了研究生拔尖创新人才的不断涌现。另外，我国研究生人才培养重理论轻实践比较严重。要把理论转化为独立工作能力和科学创造力以提高创新能力，最根本的途径是加强实验和实践环节。此外，受市场经济大潮

① 刘文、王建荣：《研究生素质现状与对策探析》，《思想政治教育研究》2005 年第 6 期，第 53-54 页。

② 王伟：《研究生创新能力培养初探》，《江苏高教》2004 年第 6 期，第 124-125 页。

的冲击，很多研究生不安心求学，学风浮躁，在写作论文时根本不进行调研活动，而是盲目堆砌，缺乏良好的学术道德，严重影响了研究生拔尖创新人才能力的培养。①

第二节 制度层面

我国研究生教育经过多年的发展，逐渐形成了一套相对较完善的管理体制，为国家建设选拔出了一大批高素质人才。但目前的制度仍然存在一些问题，如对研究生培养进行质量评价体系尚不完善等，影响着研究生拔尖创新人才的培养。随着研究生教育规模的不断扩大，管理制度层面的问题也不断凸显。

一、高度集中的管理体制

杨德广（2006）认为，我国与发达国家的研究生拔尖创新人才培养的差距除了资金、实验设备外，主要是管理体制和制度上的差距。主要表现在以下方面。第一，政府直接管理领域过宽，范围过大，加上学位授权点审批权过于集中，高校缺乏足够的办学自主权，难以根据自身的培养能力和社会需要独立确定研究生的招生规模及专业方向，既造成教育资源浪费，又影响高校办学积极性，制约了研究生创新人才的培养。第二，高校“去行政化”仍需进一步完善。近年来，虽然研究生教育的部分管理权正在逐步下放，但执行力度仍需提高，且由于缺乏相关的政策支持，导致地方教育主管部门对研究生教育缺乏统筹与管理，限制了研究生拔尖创新人才的培养。第三，高校学术权力与行政权力配置不均衡是制约研究生创新人才培养的另一制度问题。行政力量过于强大，而学术权力相对较小，比如层级的管理制度使得学校内部条块分割，各部门之间分工而不合作，各自为政而不通融，相互制约，严重影响了高校管理的功能和效率。如果不提升高校的学术权力，大学就谈不上管理的科学化和民主化，也不能够按高等教育内部关系规律和外部关系规律办事。另外，导师是研究生人才培养的主体力量，随着学校的规模越来越大，行政层次就会越来越多，行政权力代替了学术权力，导师可能由于应付各种行政上的事务，而无暇顾及学术上的研究与研究生的培养。应该充分发挥导师及学生的作用，充分调动广大教职员的办学积

① 钱存阳：《研究生创新能力培养的障碍与对策分析》，《高教探索》2004 年第 1 期，第 52-53 页。

极性,形成学术权力与行政权力平衡互补合作的管理格局。以人为本,完善研究生培养制度,完善学校的各种激励制度,并明确实施这些激励制度应遵循的原则,制定激励实施效果的相应评估标准。①

二、研究生招生与培养制度

我国研究生招生制度经过多年的发展,逐渐形成了一套相对较完善的入学考试体系,在坚持"德智体全面发展,择优录取、确保质量、宁缺毋滥"的原则下,为国家建设选拔出了一大批高素质人才。但目前的制度上仍然存在一些问题,比如初试应试化、复试形式化等。同时,培养模式过于陈旧,缺乏个性化特征。随着经济和科技的全球化趋势不断发展,国际竞争日益激烈,知识的更新越来越快,学科的分工越来越细,各行业、各领域所需的专业人才越来越多。这些变化都对研究生拔尖创新人才的培养提出了新的要求,不仅要培养理工科应用型人才,而且要大力培养文科应用型人才,但我们的研究生教育在培养模式上缺乏创新,一直是在模仿一些比较成功的国外模式,没有很好地将我国实际国情和研究生人才培养相结合形成自己的培养特色,导致很难适应经济社会发展的需求。

另外,在研究生人才培养过程中,缺少学术交流的管理制度。目前多数高校虽然也会不定期邀请国内外知名学者进行学术交流,但研究生参与度不是很高,效果也不是很理想。高校要鼓励研究生积极参加各种学术论坛和学术交流,在横向比较中发现自身的不足。让研究生定期主讲学术报告,是一种促使研究生接受新知识、了解前人研究成果、掌握国际研究前沿动态的有效途径。学校还要资助研究生参加学术会议,这也是公认的进行科学研究和培养研究生的重要手段,是国际知名大学的通用做法。

最后,教学形式比较单一,质量监控与考评体系的不完善。目前我国研究生人才培养过程中普遍存在的问题有:课堂教师教授时间过多,启发式研讨式授课缺乏,课堂气氛不够活跃,学生过于依赖老师,独立思维欠缺,这样不利于创新能力的培养,对学生个性和特长的发掘也不够全面。教学形式以课堂授课为主,重知识轻实践,产学研结合、联合育人的观念不够深入人心。培养拔尖创新人才,高等院校应该注重学生课外实践环节,让学生广泛参加各种科研活动、

① 崔卓兰:《高校决策管理法制化研究:以学术权力与行政权力均衡配置为视角》,《社会科学战线》2012年第5期,第169-174页。

学科竞赛及教师课题研究，为拔尖创新人才的培养搭建科研实践平台，注重理论与实践相结合。在目前的教学制度下，对研究生的评估机制也显露出问题，评价标准主要强调阶段性考试成绩和科研成果，造成学生“重成绩轻兴趣”“重科研结果轻科研过程”的观念误区。在这样的评估压力下，不利于学生创新思维的开发，同时拔尖学生参与科研的意义大打折扣，也不利于激发学生参与科研的主观能动性。检验研究生的学术能力以发表核心期刊的数量为主，检验学习效果和知识的掌握程度以考试为主，在考核设计上缺乏开放性，制约了研究生开拓创新能力的发展。

三、基础教育的间接影响

基础教育与高等教育是人才培养的两个阶段，两者相互联系，彼此影响。[①]有学者根据人类大脑的生长发育特点，提出创造型人才培养的三个时期：一是启蒙时期（3—9岁），是创造力培养的基础阶段；二是发展期（9—22岁），是创造型人才培养的关键时期；三是结实期（22—28岁），是培养创造力的黄金环节。人的很多素质能力的培养需要一个最佳时期，在最佳时期进行培养可起到事半功倍的效果。然而我国现行的基础教育偏重于对知识的记忆、传授和积累，缺乏创新教育，应试教育下的急功近利以及对思考、质疑和创造能力的忽视，这严重制约着人才创新能力的潜力和后劲。一些学生在进入研究生阶段之后，接受的教育模式发生转变，与高压管制相比，对学习独立能力与主观能动性的侧重增多，而难突破的思维定式禁锢了学生主观能动性的挖掘。很多中学生在进入大学后难以适应学习模式的转变，要么失去自我约束力、懈怠、厌学，要么缺乏独立思考的能力，为拔尖创新人才的培养过程带来很多根深蒂固的困难，成为制约我国研究生拔尖创新人才培养的重要因素。

第三节　导师层面

导师队伍是影响研究生人才培养质量的基础，导师队伍的水平直接关系到研究生拔尖创新人才培养的水平。导师队伍的学缘结构、创新成果、科研经费、指导创新的责任意识以及指导方式都会对研究生拔尖创新人才培养产生影响。

---

① 王利文、江松琦：《基础教育改革对高等教育改革的预期影响》，《高等理科教育》2003年第2期，第120-122页。

一、导师的师资水平

目前我国在研究生培养方面采取的是导师负责制，研究生拔尖创新人才能力的培养很大一部分取决于导师的知识结构和创新能力。学者们在对研究生拔尖创新人才培养进行研究的时候发现，在影响研究生拔尖创新人才能力培养质量的诸多因素中，导师队伍是最直接、最关键的因素。要培养拔尖创新人才，导师起着关键的作用，导师的创新意识、学术思想以及对学术问题的看法总是会不知不觉地传递给学生。优秀的导师总是从多方面影响着研究生，是研究生成为高层次创新人才的重要导航人，导师队伍自身创新能力的高低是研究生拔尖创新人才培养非常重要的因素。目前我国高校导师队伍中存在质量参差不齐的现象，个别导师自身科研素养不高、科学研究能力差，且过分注重课题项目申报，而不注重基础研究，导致对研究生的实质指导少，且对于课程教学只是疲于应付，这些都偏离了培养研究生的科研创新能力和选拔创新人才的初衷。

二、导师的指导作用

研究生学习生涯中占用时间最多的就是学术科研行为，而导师的指导作用、科研团队间的学术交流与实践协作等都与研究生个体的科研行为息息相关，因此会对科研行为产生比较大的影响。在研究生科研学习的指导上，研究生导师通过利用自己渊博的知识储备和丰富的信息来源与写作经验为学生论文的选题和写作提供独特的视角，从而迅速地将学生带到学科的前沿，避免学生在学位论文写作上陷入常识性的误区，也使学生能够在自己力所能及的范围内有所突破和有所创新。因此，研究生学位论文的质量在很大程度上取决于导师的指导作用，导师既要把握好研究生学位论文的大的方向性和原则性，又要尽力为研究生学位论文的写作提供各种指导和服务。但并不是所有的导师都能够在指导学术方面有所成就，在部分研究生导师队伍中所出现的一些现象带来了负面影响并直接影响到论文质量的提高，具体如下：

(1) 导师对学生的培养缺少实质性内容。在一些理工科专业中这一现象较为突出，做课题就是分担导师的科研量，并且通常做的都是一些横向的课题，大多数学生由于缺乏学术前沿视角，不注重培养创新意识，在漫长的“学术任务”中失去自我。

(2) 导师的精力懈怠。随着研究生扩招，高校研究生人数大幅度上升，而导师数量有限，出现了有的导师带十几个甚至几十个研究生的情况，导师没有足够的精力去指导每一个研究生。另外，部分导师不注意自己的知识积累和更新，知识结构老化严重，把大量精力放在了各种社交活动和经济活动上，从而使自己的学术水平、科研能力跟不上时代的发展，无法指导研究生写出高水平的论文来。当导师无力从事研究生的指导工作时，研究生的学习和研究工作就处于放任状态，缺乏名师指导，也就难以培养出好的研究生。

(3) 导师业务繁多。国内很多大学一些学术水平高、科研能力强、知识结构新的导师通常会担任一定的行政职务，由于工作需要参加国内外的社交活动比较多，在精力和时间分配上就会疏忽对研究生的学位论文进行指导。

(4) 导师指导研究生缺少责任约束及激励机制。导师在研究生奖学金评定、研究生质量评价等方面决定权较少，导致在培养中缺乏相应的责任约束机制。在学术研究过程中，很多导师缺少激励创新的机制和方案，没有对研究生创新研究进行科学合理的奖励评价，研究生也缺乏进行科研、创新的积极性。

三、导师的示范作用

导师作为研究生人才培养工作的第一责任人，自身应该具备较高的科研水平和创新能力，才能更好地指导研究生。然而，我国现在的导师队伍中，有些导师整天奔忙于项目申报、社会兼职中，不能顾及自己的学生，学生也无法得到有益的指导。研究生导师的学风和作风、学术水平及人格魅力会直接影响研究生人才培养的质量，也会对研究生成长产生很大的影响。导师应苦练“内功”，提升自身的科学素养，加强对研究生的指导，在学术上要严格把关。在研究生的培养过程中，导师要多让研究生参加科研项目并在科学研究中得到锻炼和训练，要多鼓励研究生勤于思考、深入研究、勇于创新，而不是墨守成规。导师通过指导研究生的科研来促进研究生的培养。研究生是科研的重要力量，要作为科研项目的成员参与研究，科研是载体、是手段，因此导师应当把培养研究生的发展当作己任，指导研究生去开拓创新。而研究生应该做那些具有前沿性、前瞻性的研究课题，而不是盲目从众、只选择简单问题去分析，应该去做那些探索性的甚至有争论的问题，这样才能创新，才能为科研贡献自己的力量。导师要指导研究生树立勤奋好学的优秀品质，告诉研究生要想取得科研成果必须脚踏实地地苦干、实干和巧干。导师对研究生的指导除了传道授业解惑，更重要的是培养其学术洞察力和创新思维，从国内外许多拔尖创新人才的成长轨迹可知，导师不仅培养学生的创新思维，还指导学生树立批判性思维、敢于挑战权威，传承学术规范、帮助建立自信等，而这些均是拔尖创新人才成长必不可少的因素。

第四节　团队层面

团队层面主要是指研究生所依托的高校科研团队。高校科研团队是指高校为了开展科学研究，由具有创新意识和团队合作精神的研究人员，包括学术领导人、骨干教师、研究生等组成的愿为共同的科研目标努力的群体。高校科研团队的出现，对于研究生拔尖创新人才的培养提供了土壤和平台，是人才培养模式的新方式，也是人才培养理念的创新。①

一、我国科研团队总体规模偏小

我国的高校科研团队起步比较晚，起点规模低，从而导致高校科研团队规模相对偏小。新中国成立初期，高等教育的首要任务是为国家建设培养急需的专门人才，建立了一大批独立的科学技术研究机构，高校长期没有被赋予科学研究职能。改革开放以后，高校科研团队才真正产生和发展起来。组建高校科研团队需要一定的依托条件，如实验室、创新平台、研究中心、科研课题等，一些地方高校的这些资源相对比较少，我国高校科研团队规模还比较小。因此，很多研究生没有机会进入科研团队，也就很难依托科研团队获得发展。

二、科研团队内部管理水平不高

科研团队内部管理水平直接影响团队的总体绩效，也对研究生人才培养起着至关重要的作用。我国高校科研团队部分负责人管理能力较低，难以对团队的计划、组织、指挥、协调和控制等进行有效管理，导致内部协调不够，优势互补性比较差，整体效能难以发挥。科研团队一般都是由学术带头人负责内部管理工作，激励和聚合团队的力量，优秀的学术带头人是高校科研团队必备的要素。学术带头人处于团队的核心地位，是团队沟通、协调团队内外的中心角色，也是团队其他成员包括参加的研究生获得研究方向、工作任务、实现目标等信息的主要来源，是团队维持士气、活力、凝聚力的纽带。团队带

① 肖春、毛诗焙：《高校科研团队与研究生创新人才培养》，《黑龙江高教研究》2011 年第 6 期，第 69-71 页。

头人的学术水平和管理水平在很大程度上决定了整个团队的学术水平。一些学术带头人在学术研究方面有一定水平，但在管理团队方面缺乏相应能力，加上一些团队成员主观能动性较低，不善于协作，这些都不利于对研究生拔尖创新人才的培养。

三、科研团队成果绩效不高

成果绩效是衡量高校科研团队创新能力的重要指标，可以从成果绩效的数量和质量两个方面进行分析。首先，我国高校科研团队总体规模还比较小，因此，成果绩效的数量也就相对较少。另外，与建设创新型国家的需要相比，成果绩效的数量还比较低，特别是高校科研成果人均产出数量还不高。其次，我国高校科研团队的成果绩效质量也不高，主要体现在高校高质量原创性成果比较少、高校整体学术产出质量偏低。科研团队成果绩效水平直接影响研究生创新人才的水平。因此，要采取有效措施，提升我国高校科研团队的总体绩效水平，才能为研究生拔尖创新人才的培养提供支持和保障。

四、科研团队缺乏团队文化氛围

团队文化指通过共同的规范、信仰、价值观将团队成员联系在一起，对团队相关事物产生共同理解和行为的系统。① 团队文化对于团队绩效有着至关重要的影响。科研团队文化能够为团队可持续发展提供精神动力和文化支撑，促进研究生拔尖创新人才的培养。目前我国高校科研团队普遍缺少团队文化，团队凝聚力不高。原因主要有三个方面：第一，地方高校科研团队建设中，缺乏共同价值观的共同交流，成员对自身价值没有清楚认识，团队共同价值观不能代表团队成员的价值观，个体的价值观不能融合于团队共同价值观。缺乏和谐融洽的团队环境，团队成员缺乏合作和知识共享。第二，团队建设过于依赖团队负责人。正确的团队建设应该是先建设团队文化，借助团队文化对团队成员产生约束力。地方高校研究生创新团队忽视团队骨干的建设，团队发起者往往身兼团队的科研和管理两大重任，取代团队文化对团队建设的作用。第三，团队凝聚力建设不足。团队凝聚力是地方高校研究生创新团队建设的关键，也是根基。团队成员之间的相互吸引、相互认同、相互依存、共享利益、共担责任是无形的精神力量，是团队对成员的吸引力以及成员对团队的认同感。因此，必须

① 付贤超：《试论团队精神与企业文化》，《经济师》2004 年第 6 期，第 163 页。

构建科研团队文化，塑造积极向上的团队氛围，增强团队的凝聚力，才能为研究生拔尖创新人才成长提供良好的平台环境。

五、科研团队引领作用和激励措施不足

高校科研团队应当在高校科研与教学作中起到引领作用。然而，由于高素质科研团队缺乏、学术产出不高和内部活性不足等原因，我国高校科研团队在高校科研与教学工作中的引领作用不强。高校科研团队由于层次不同，其引领作用的强弱也有所不同。一般而言，越是高层次科研团队发挥的引领作用越强，越是低层次科研团队发挥的引领作用越弱。

另外，科研团队激励措施不足也是制约研究生拔尖创新人才培养的一个重要因素。目前很多高校科研创团队的激励机制主要针对团队整体，对团队内部成员尤其是研究生的激励机制稍显不足，缺乏多种激励手段的综合运用。团队缺乏有效的沟通机制，科研团队没有定期组织深入团队内部，导致团队成员的真实需要被忽视，团队内的激励发挥作用有限。一些地方高校科研团队内部对激励措施的重视度不高，对于激励措施没有具体的管理办法和实施细则，激励措施随意性大，不具有科学性和规范性，而且激励手段比较单一。作为科研团队的重要组成部分，每个成员的需要直接影响着他们在科研团队工作中的积极性，进而影响着整个团队的创新绩效。如果团队沟通不畅，则很难实现整个团队成员为实现共同的目标而努力。因此，需要关注科研团队成员，尤其是处在学术研究最前沿的研究生有哪些需要，如何最大限度满足他们，如何采取有效的激励措施，保障研究生拔尖创新人才的成长。

六、科研团队缺少有能力的领导者

科研团队的领导者对科研团队的健康发展和团队水平的高低举足轻重，进而对科研团队骨干成员的研究生的成长和发展也产生影响。科研团队领导者一般由研究生的导师或是本领域的专家来担任，他们往往具有较高的学术能力，但是有的却对团队管理缺少认识，缺乏相应的团队管理知识、经验和能力，或者是虽了解一些管理的知识，但存在性格缺陷、核心管理能力缺乏等问题，无法充当团队管理所需的协调者和教练角色。此外，一些科研团队领导者总是以高高在上的姿态管理团队，缺乏管理的民主意识，导致科学研究经常走弯路，不利于团队整体成果的提升，更不利于研究生拔尖创新人才的培养。

本章小结

本章从个体、制度、导师以及团队层面进行具体分析，总结了个体差异、管理制度层面的不足，导师在团队中的作用以及团队建设层面存在的问题，从宏观以及微观层面探讨了培养研究生拔尖创新人才的制约因素，为我国研究生拔尖创新人才培养方式的改革提供有利的参考依据。

第五章　基于科研团队视角的资源能力模型构建

高校科研团队是我国科技创新的动力源泉，能够有效提升科研效率。本部分内容主要以作者发表在《科学学研究》上的论文为基础，依据组织能力及能力素质模型的相关理论，剖析高校科研团队的资源及能力要素构成，构建相应模型。① 通过问卷调查的方式对我国高校进行实证研究，验证了模型的有效性，为后续研究生拔尖创新人才能力素质驱动模型的构建奠定基础。

第一节　问题的提出

近年来，随着科技的飞速发展，科学问题的研究越来越社会化。② 科学技术的集体性和开放性要求科研人员必须放弃单干式的研究方式，积极开展团队式的合作研究。能否形成一个开放的、相对稳定的科研团队，直接关系到科研活动的连续性、效率和质量。③

高校科研团队作为高校科研工作的主要依托，是国家创新体系中一支重要力量，承载着国家级或省部级重大、重点、重要科研项目，其管理模式现已成为许多学者关注的焦点。④ 高校科研团队，是高校以科研梯队、学术研究中心、课题组等为代表的教师科研群体组织，它要求其成员具备相辅相成的知识结构、专业技能；每一位成员都以团队为中心，在科研活动中为不断实现团队的目标

① 邓修权、康云鹏、席俊锋、白冰、毛杨絮：《高校科研团队资源能力模型构建及其应用研究》，《科学学研究》2012 年第 1 期，第 102-110 页。

② 杨映珊、陈春花：《科研组织团队运作的应用研究》，《科学学研究》2002 年第 2 期，第 206-208 页。

③ 周彬、黄熙：《论科研团队形成及成长机理》，《科学学研究》2009 年第 S2 期，第 457-461 页。

④ 李志宏、朱桃、赖文娣：《高校创新型科研团队隐性知识共享意愿研究》，《科学学研究》2010 年第 4 期，第 581-590 页。

而同心协力、锐意进取。① 由于其运行机理的复杂性，多数高校并没有深入探究其内涵及构建、管理方法，团队的整合功能和整体作用并没有得到充分发挥，在团队的管理和建设方面还存在着诸多问题。

第二节 理论依据

当前，我国很多学者十分重视对高校科研团队管理的研究，从能力角度对高校科研团队管理问题进行的研究较多：孙艳华(2005)通过对高校科研团队核心能力的研究，提出培养高校科研创新团队的核心能力应从确定长远发展战略、树立科研管理新观念、加强持续性学习等方面着手。杨连生(2006)指出科研团队能力的核心是团队整体的创造力，通过分析个体创新能力与团队整体创新能力的关系，提出提高团队创新能力的相关建议。黎庆兴等(2008)对影响高校科研团队创新能力提高的各方面因素进行分析，认为影响创新能力提高的内部因素是科研团队目标的明确性、团队运行机制的完备性和团队内部梯队的合理性，外部因素是科研管理体制的规范性和学术交流机制的畅通性。卜琳华(2010)运用系统理论、知识管理理论，阐述了高校科研创新团队及其能力的内涵，构造了高校科研创新团队能力跃进的一般模型，并讨论了高校科研创新团队能力跃进的动力系统。肖春、毛诗焙(2011)提出了高校科研团队培养研究生创新人才的运作模式。常亚平、孙威、张金隆(2013)从导师特质、学生特质、匹配性研究生团队创新氛围等方面提出了研究生团队创新氛围的影响因素及其概念模型。张聪、朱莲花、杨连生(2017)提出知识服务组织与高校科研团队的互动创新视角，通过建立动态资源共享、流程系统集成的服务体系，最终实现互惠互利的价值共创。徐珺、尚玉钒、赵新宇(2019)探讨了高校科研团队中领导者积极/消极语言框架对科研人员创新行为的促进/抑制双向影响路径。杨虹蓁、曹新宇(2020)认为科研团队能够开拓研究生学术视野，提高研究生的团队合作意识和创新能力，促进团队成员的学术交流，激发研究生的科研潜力和创新意识，并探讨了基于导师科研团队的研究生培养模式的作用和意义，提出了构建基于导师科研团队的研究生培养模式。

这些研究主要表现为借用能力相关理论的基本概念和原理对高校科研创新团队能力剖析定性解释，定量研究偏少，且未能把相关理论研究成果和高校

① 赵海信：《高校科研团队建设的研究》，《科技进步与对策》2007年第8期，第188-189页。

科研创新团队的实际应用充分结合，从而提出行之有效的管理方法。本研究受到个人层面能力素质模型的启发，依据组织能力的相关理论，构建了高校科研创新团队的资源能力模型，通过对我国某重点高校进行实地调研分析，验证了模型的有效性，并结合该实例，提出了基于资源能力模型的科研团队管理方法，为实施基于能力的高校科研创新团队管理提供了具体依据。

第三节　科研团队资源能力模型的构建

本节主要依据组织能力的相关理论，对高校科研创新团队的能力与资源要素构成进行剖析，进而构建科研团队的资源能力模型。

一、确定团队的资源要素

在组织能力理论里，关于资源定义与构成，相关学者做了不少研究，我们将不同学者对资源的分层进行了近似对应，如表 5-1 所示。

表 5-1　不同学者对资源分层的近似对应

<table>
<tr><th>学者</th><th>Barney
(1991)</th><th>Grant
(1991)</th><th>Marino
(1996)</th><th colspan="2">埃里克森、米尔克森
(1998)</th><th>Hafeez 等
(2002)</th></tr>
<tr><td rowspan="6">资源分层</td><td>物力资源</td><td>物力资源</td><td>物力资源</td><td>有形资源</td><td>物力资源</td><td>物力资产</td></tr>
<tr><td rowspan="2">人力资源</td><td>人力资源</td><td rowspan="2">人力资源</td><td rowspan="2"></td><td rowspan="2">财力资源</td><td rowspan="2"></td></tr>
<tr><td>财力资源</td></tr>
<tr><td rowspan="3">组织资源</td><td>组织资源</td><td rowspan="3">组织资源</td><td>无形资源</td><td rowspan="3">无形资源</td><td>文化资产</td></tr>
<tr><td>声誉资源</td><td rowspan="2">知识资源</td><td rowspan="2">智力资产</td></tr>
<tr><td>技术资源</td></tr>
</table>

基于对上述学者研究成果的分析可知，对于高校科研团队而言，其资源可分为无形资源和有形资源两大部分。其中有形资源包括人力资源、物力资源和财力资源，无形资源包括团队文化、组织结构、关系资源。

二、确定团队的能力要素

在组织能力的基础理论研究中，组织能力，组织的运作能力、动态能力、核心能力、管理能力、技术能力，组织能力系统以及组织的学习能力和创新能力等能力之间有着错综复杂的联系，你中有我，我中有你。鉴于组织中各种能力之间关系的复杂性，仅依据某一类或几类能力的理论来确定组织的能力要素是不准确的，有必要理顺各种能力之间的关系，对能力进行集成研究。故本研究在确定科研团队的能力要素时，依据组织集成化能力的相关理论研究成果，将组织能力要素纵向分解为作业子能力、协调子能力和发展子能力，发展子能力又可继续分解为动态子能力、创新子能力和学习子能力。（图 5-1）

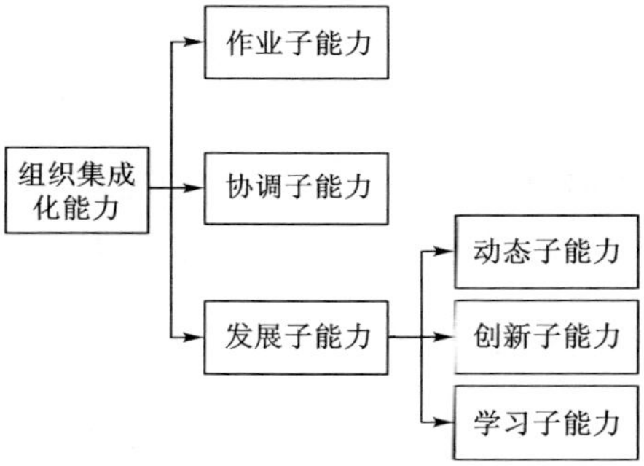

图 5-1　组织集成化能力图

由于科研团队本身就是一种组织，故集成化能力理论是适用的。我们将团队整体的能力看作一个集成化能力，结合科研团队自身的特点，对集成化能力模型进行进一步的改造和细化。

1. 作业子能力

由于科研团队的任务是科学技术研究与开发，故科研团队集成化能力中的作业子能力就是完成科学技术研究与开发的能力，即科研能力。科学研究可分为投入—研究—产出（转化）三个阶段，因此我们分阶段对科研能力进行细化：投入阶段的能力对应获取科研项目能力，研究阶段能力对应知识创新能力和技术创新能力，产出阶段的能力对应科技成果转化能力。

2. 协调子能力

科研团队的协调子能力对应其自身的管理能力，依照管理的概念将其细化为：计划能力、组织能力、控制能力、领导能力。

3. 发展子能力

科研团队的发展子能力可对应为科研团队的科研发展能力和管理发展能力。由于团队的科研发展能力主要取决于团队的持续学习能力，团队的管理发展能力主要取决于管理创新能力，故我们将科研团队的发展子能力细分为学习能力和管理创新能力。

三、构建资源能力模型

综合团队的资源要素及能力要素，我们初步构建出高校科研创新团队的资源能力模型，如图 5-2 所示。在下一节实证研究部分，我们将对模型进行验证及完善。

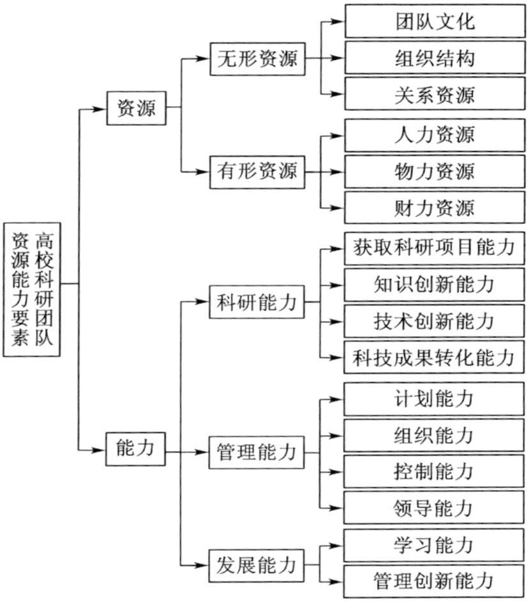

图 5-2　高校科研团队资源能力模型

第四节　科研团队资源能力模型实证研究

一、数据来源与处理

我们选取某“985”重点高校作为案例对资源能力模型进行了实证检验及完善。本次实证研究的对象平均分布于该校的 20 个学院（研究所），涵盖了理工类、经管类和人文类的学科领域，具有一定的代表性。由于作为科研团队的领导者，团队带头人比成员更了解、更清楚自己所在科研团队的能力建设情况，故在实际调研的过程中，我们调查的主体为该校的科研团队带头人。调查采取纸质问卷及在线问卷互补的形式，共发放问卷 230 份，回收问卷 138 份，其中有效问卷 113 份，问卷有效性达到 81.9%。

（一）调查问卷的内容设计

经过编制初稿、专家审阅及预调研三个步骤，最终得到“高校科研团队资源能力调查问卷”，问卷针对 16 个资源及能力要素分别设置选题，测评分为“符合度”和“重要度”两个维度，采用 likert-5 点计分法进行打分。“符合度”选项反映团队能力建设的现状，“重要度”选项反映资源能力要素对于团队的重要程度，可理解为团队能力建设期望达到的水平。

（二）问卷信度分析

针对本次调查问卷本身的特点，本研究采用 Cronbach’s α 系数对问卷进行信度检验，检验结果如表 5-2 所示。各分量的 Cronbach’s α 值均高于 0.75，表明问卷具有较好的信度。

表 5-2　资源能力要素问卷各分量表信度

分量表		Cronbach’s α 系数	
		符合度	重要度
项目组资源	总体	0.815	0.820
	无形资源	0.783	0.729
	有形资源	0.785	0.833
项目组集成化能力	总体	0.927	0.926
	科研能力	0.821	0.865
	管理能力	0.897	0.883
	发展能力	0.853	0.761

二、模型的验证

本研究在验证科研团队资源能力模型时，主要借鉴了目前较为成熟的个人能力素质模型的相关理论，通过检验各项资源及能力要素能否起到区分绩效优秀团队与绩效一般团队的作用来验证资源能力模型的有效性。

（一）确定绩效标准，对团队进行区分

本研究以科研成果产出能力的三个指标：知识创新能力、技术创新能力和科技成果转化能力的符合度来衡量团队科研绩效，采用统计软件 SPSS18.0 对团队进行聚类分析，将团队分为绩效卓越组和绩效一般组两个部分。

由于已经确定了样本的分类数，且样本总量较大，故使用 K-均值聚类法进行聚类分析较为合适。聚类分析过程如表 5-3～表 5-6 所示。

表 5-3 初始聚类中心

聚类	
1	2
1	5
1	5
1	5

表 5-4 最终聚类中心

	聚类	
	1	2
知识创新能力	3	4
技术创新能力	2	4
科技成果转化能力	2	4

表 5-5 方差分析

	聚类		误差		F	Sig.
	均方	df	均方	df		
知识创新能力	38.773	1	0.429	106	90.376	0.000
技术创新能力	90.807	1	0.509	106	178.468	0.000
科技成果转化能力	82.444	1	0.594	106	138.798	0.000

表 5-6 每类例数

聚类	1	52.000
	2	56.000
有效		108.000
缺失		0.000

表 5-3、表 5-4 显示，未经 K-means 算法迭代，两类别间距离并非最优；经迭代后，类别间各变量的中心值得到了修正，最终得出的聚类 1 中心各变量得分均低于聚类 2，故认为聚类 1 为绩效一般组，聚类 2 为绩效卓越组。

表 5-5 显示，对聚类结果的类别间距离进行方差分析，方差分析表明类别间距离差异的概率值均小于 0.001，即聚类效果好。

表 5-6 显示，聚类 1 内包含 52 个样本，聚类 2 内包含 56 个样本。综合以上分析，我们可以看出聚类分析效果是很好的，最终得出的分组结果为：绩效一般组 52 个样本，绩效卓越组 56 个样本。

（二）资源能力要素分析

在通过统一的绩效标准对样本进行分组后，我们需对绩效卓著组和绩效一般组的资源能力要素符合度评分进行对比分析，从而验证资源能力要素是否具有区分性。

经过统计分析，我们发现问卷中选择 3、4 的频率要远远大于其他。为了使得结果更具有区分度，本研究通过统计两类团队资源能力要素满足高符合性（评分为 4 分和 5 分）的得分情况来确定资源能力要素的最终得分。计算公式如下：

$$S_i=(f_{i4}\times 4+f_{i5}\times 5)\times(N_2/N_1);i=1,2 \quad (5\text{-}1)$$

其中，S_i 为团队 i 在某个要素上的符合度得分，f_{i4} 表示团队某要素符合度为 4 的总频次，f_{i5} 为团队某要素符合度为 5 的总频次，N_2 表示团队 2 的样本数量，N_1 表示团队 1 的样本数量。

每个要素的符合度（重要度）期望得分为 100.8，计算公式如下：

$$F=(4+5)\times(1/5)\times N_2 \quad (5\text{-}2)$$

将以上的计算结果绘制成折线图（图 5-3），其中期望值可作为分界线，用以判断高分团队和低分团队显著差异要素。

根据图 5-3，我们对两类团队的符合度评分进行分析，判断资源能力要素是否能够显著区分绩效卓越团队和绩效一般团队。判断标准有两个：① 卓越团队评分超过期望值，而一般团队评分低于期望值；② 卓越组能力素质要素符合度排名均在前 50%。

从图中能够明显看出，卓越团队符合度的各项评分均超过期望值，一般团队则仅有学习能力超过期望值，而卓越团队的学习能力排名第一，故 16 项能力要素均符合判断标准。这验证了本研究提出的资源能力模型具有良好的有效性。

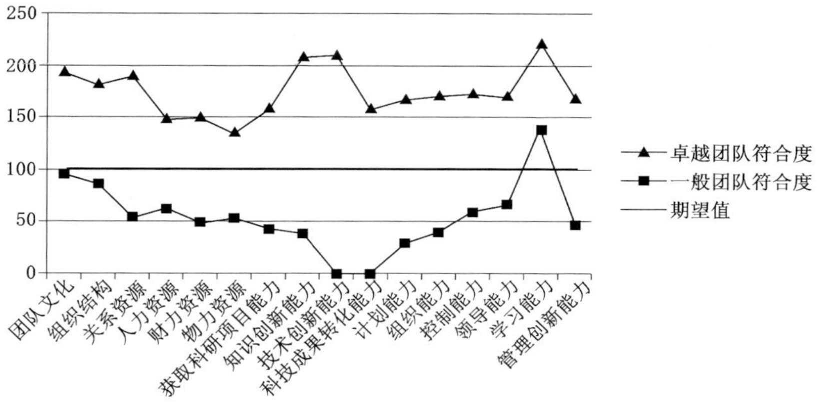

图 5-3　两类团队各要素符合度评分对比图

三、模型修正

为了使模型更为直观且更有价值，我们在模型中加入资源能力要素的等级划分及具体描述，使模型得到进一步的完善和扩充。确定各资源能力要素的等级，依据高绩效组对各要素重要度等级打分的频次，频次最高的等级确定为该要素所需的等级。最终得出高校科研创新团队资源能力模型，如表 5-7 所示。

表 5-7　高校科研创新团队资源能力模型

类别	资源、能力要素		行为描述	卓越团队标准等级
资源类	无形资源	团队文化	项目组成员所共有的科学的学术价值观、行为规范、核心理念	5
		组织结构	合理有效、切合实际的组织结构	5
		关系资源	与各方面人或组织广泛合作联系	5
	有形资源	人力资源	充足的高质量的人才	5
		财力资源	充足的经费支持	5
		物力资源	充足良好的有形资产	5
能力类	科研能力	获取科研项目能力	通过多种渠道、采取有效方式成功申请科研项目	5
		知识创新能力	获得新发现、新规律，创立新学说、新方法，积累新知识	5

表 5-7（续）

类别	资源、能力要素		行为描述	卓越团队标准等级
能力类	科研能力	技术创新能力	实现新产品、新工艺以及原有产品和工艺的显著技术变化	5
		科技成果转化能力	对具有实用价值的科技成果进行后续试验、开发应用、试制生产	5
	管理能力	计划能力	科学评估现有资源、时间以及人员等要素，进行精心分析与规划	5
		组织能力	构建有效的流程机制、运作模式，资源的合理配置与开发	5
能力类	管理能力	控制能力	对成员的有效约束，发现问题和矛盾及时处理，确保按计划实施	4
		领导能力	授权、激励、指导凝聚人心，营造良好环境，确保齐心协力达成目标	5
	发展能力	学习能力	采取有效手段，持续地、快速有效地理解、掌握、更新知识和信息	5
		管理创新能力	针对新情况新问题更新科研管理方式方法，探索项目组建设有效途径	4

第五节　科研团队资源能力模型的应用分析

科研团队管理可分为宏观和微观两个层次。前者是科研管理部门对科研团队的管理，后者是科研团队内部的管理。① 下面结合两个层面论述资源能力模型的应用。

一、宏观层面

在科研团队管理的宏观层次上，至少应强调三个原则：① 因势利导的原则；② 逐步培育的原则；③ 相对稳定及时调整的原则。② 这三个原则要求科研管理部门对下属的科研团队整体发展情况能够有全面深入的了解，从而根据各团

① 康旭东、王前、郭东明：《科研团队建设的若干理论问题》，《科学学研究》2005 年第 2 期，第 232-236 页。

② 刘慧群：《高校科研团队绩效考核机制研究》，《科技进步与对策》2010 年第 24 期，第 138-142 页。

队自身的发展状况，进行相应的资源分配及管理调整。传统的绩效评价体系并不能让管理部门深入了解科研团队的发展情况，比如：管理部门对绩效优秀的团队加大资源的投入力度，而实际团队的能力并不足以消化这么多的资源，这就会造成资源浪费。反之，管理部门对绩效一般的团队并不重视，忽略了其能力的进步，这就会造成资源紧缺，遏制团队的发展。管理部门能够运用资源能力模型对科研团队的发展情况进行全面评估，深入的了解科研团队现有的资源能力情况。在此基础上，管理部门可以结合相应的绩效评价体系，从而达到对科研团队进行科学管理的目的。

二、微观层面

在科研团队管理的微观层面上，团队内部可以定期利用资源能力模型对团队自身能力建设情况进行评估，从而采取相应的措施对自身所存在的问题进行改善。我们结合质量管理中 PDCA 循环改进的思想，提出了基于资源能力模型的高校科研团队能力建设持续改进方法——EPD 循环改进。团队自身能力建设能够按照 EPD 循环，周而复始地运转，通过持续的改进使自身能力不断提高。E、P、D 三个字母所代表的意义及改进的具体方法如下：

E(evaluate)——评估，即评估团队的能力建设情况。此阶段，团队基于资源能力模型，可采用团队讨论与问卷调查并重的方式，确定团队资源能力的现状（符合度）及对资源能力的期望（重要度），根据这两个指标确定能力素质的改进度，由改进度大小将团队能力素质分为“着重改进”、“一般改进”和“少量改进”三个区间。具体评估方法见应用实例部分。

P(plan)——计划，即制订团队能力建设计划。首先应结合团队能力素质改进表，制订团队能力改进整体计划，计划应依照充分发挥“少量改进”区间内的能力要素的优势，对“着重改进”区间内的要素进行大力改善，经过一段时间的改善，再对“一般改进”区间内的能力要素进行改善的顺序。随后，将团队整体计划细化到个人，以充分发挥每个成员的才能。

D(do)——执行，即执行能力建设计划。在执行计划的过程中，应加强团队成员的交流，通过交流来更好地实现建设计划，进而提升科研团队的整体能力。

EPD 循环按照这样的顺序对高校科研团队能力建设进行改进。它的循环不是在原地周而复始运转，而是像爬楼梯那样，每循环一次都能使团队能力上一个台阶，通过不断的循环使得团队的整体能力得到持续的改进。（图 5-4）

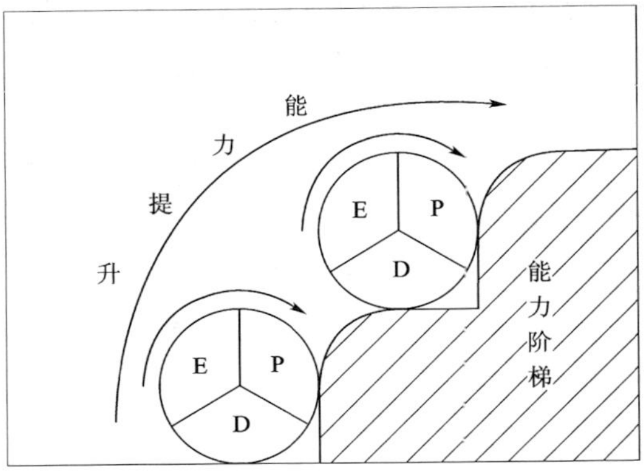

图 5-4　科研团队能力建设的 EPD 循环图

三、应用实例

在这一部分，我们将结合实证研究中问卷调查所获得的数据，利用资源能力模型对通过聚类分析得出的两类科研团队的能力建设情况进行评估，提出相应的能力改进方案，从而进一步展示资源能力模型在高校科研团队管理中的应用。

（一）评估团队的能力建设情况

在能力建设的过程中，由于各团队的资源能力素质存在较大差异，故我们不能够采用统一的标准对其能力建设进行评估。在实际评估过程中，应从团队本身出发，通过分析团队的能力现状和能力期望的差异关系，确定目前团队能力建设的情况。由式(5-1)、式(5-2)，我们计算得出卓越团队及一般团队各资源能力要素的符合度、重要度及期望值得分，将结果表现在折线图上，如图 5-5 所示。

由图 5-5 中我们可以看到，两类团队的资源能力要素符合度评分均低于重要度评分，由此可以看出，两类团队的能力现状与其预期水平不符。我们可以将各要素的符合度评分 $S_{符}$ 作为能力现状的评价指标，将重要度评分 $S_{重}$ 作为能力期望的评价指标。为了对团队能力建设情况进行量化衡量，我们将能力现状与能力期望的关系通过“改进度”来表示。改进度 I 的计算如式(5-3)所示，I 越大，则能力素质要素需要改进的程度越大。$S_{符}$ 及 $S_{重}$ 由式(5-1)得出。

$$I=\begin{cases}1-S_{符}/S_{重} & (当\ S_{符}<S_{重}\ 时)\\ 0 & (当\ S_{符}\geqslant S_{重}\ 时)\end{cases} \tag{5-3}$$

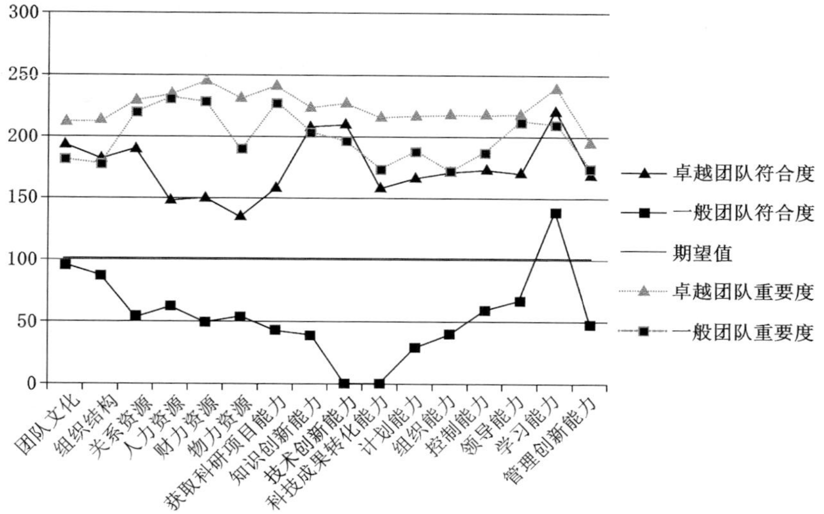

图 5-5　两类团队各要素符合度及重要度评分对比图

为了更为直观地表现各资源能力要素的改进程度，我们将两类团队能力素质改进度区间均分为三部分。将所得结果表现在折线图上，如图 5-6 所示。

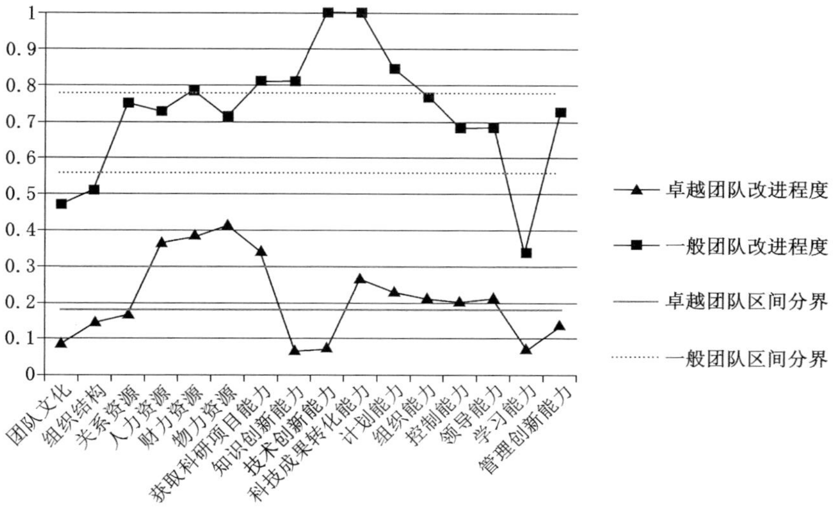

图 5-6　资源能力改进度折线图

根据改进度由大到小,我们将三个区间命名为:着重改进区间,一般改进区间,少量改进区间。参照折线图,整理出两类团队的能力素质改进表 5-8、表 5-9。根据之前对改进度的定义,我们可以将改进区间理解为:“着重改进”区间内为团队亟须改善的要素,团队通过改善这些要素能够使整体能力在较短的时间内得到较大的提高;“一般改进”区间内为团队存在缺陷但在短时期内并不容易得到显著改善的要素;“少量改进”区间内为目前团队比较完善的要素,暂时不用做出太大的改善。

表 5-8　卓越团队能力改进表

改进度(I)	资源能力要素
着重改进($0.30<I<0.42$)	人力资源,财力资源,物力资源,获取科研项目能力
一般改进($0.18<I<0.30$)	科技成果转化能力,计划能力,组织能力,控制能力,领导能力
少量改进($0.06<I<0.18$)	团队文化,组织结构,关系资源,知识创新能力,技术创新能力,学习能力,管理创新能力

表 5-9　一般团队能力改进表

改进度(I)	资源能力要素
着重改进($0.78<I<1.00$)	财力资源,获取科研项目能力,知识创新能力,技术创新能力,科技成果转化能力,计划能力
一般改进($0.56<I<0.78$)	关系资源,人力资源,物力资源,组织能力,控制能力,领导能力,管理创新能力
少量改进($0.33<I<0.56$)	团队文化,组织结构,学习能力

(二)提高团队能力的途径

通过对团队能力改进表的分析,我们提出提高两类团队能力的建议。

1. 卓越团队

一方面,目前的组织结构较为合理,团队文化建设卓有成效,关系资源比较丰富,科学研究的能力比较强,但成果转化的能力还需进一步的提高,这就需要团队在创新和实用方面多下功夫。另一方面,虽然团队在管理创新方面投入了较大的精力,但目前团队整体的协同性还较差,领导人需要在保证自身科研能力的同时进一步提升自身的管理水平,以创造出更大的团队效应。由于目前团队的科研能力和管理创新已经到达了一个“瓶颈”,若使团队能力在较短的时间内得到提升,最关键的因素在于增强团队获取项目及外部资源的能力,团队应当利用好丰富的关系资源争取更多的项目及资源。另外,高校及相关部门也应当给予卓越团队更多的外部资源以及科研项目,使其获得更快的成长。

2. 一般团队

现阶段团队的文化建设和组织结构较为合理,具有较强的学习能力,但还存在着较多需要改进的要素。目前团队面临的最大问题是科研能力薄弱,这也直接导致团队很难获取高质量的项目,缺乏足够资金来扩充队伍。团队若想使自身能力在较短的时间内得到较大的提升,需要领导人提升自己的计划能力,科学评估现有资源、时间以及人员等要素,对团队未来的发展方向进行合理的规划,充分发挥自身学习能力强的优势,尽快提升自身的科研能力,进而获得更为充足的财力资源。在提高了自身的科研能力后,团队领导人应当进一步加强管理能力,扩充团队的关系资源,以获得更为丰富的人力及物力资源,进而使团队整体能力得到显著提升。

总之,高校科研创新的过程和结果具有很大的不可控性,相比较而言,高校科研创新团队的能力具有较好的可控性,经过良好规划和培养的科研团队能力将带来良好的科研创新结果。但是,由于时间、资源等方面的限制,本研究提出的方法还需更多的实践检验和修正,如研究确定资源能力模型中各要素的权重、构建较为完善的能力评估指标体系、选取更广泛的实证数据等,都是未来研究的方向。

本章小结

本章将组织能力理论与能力素质模型理论应用于高校科研团队管理,建立了高校科研团队的资源能力模型,并通过实证研究验证了模型的有效性。随后,分别从宏观及微观角度分析了资源能力模型在高校科研团队管理中的应用,并结合实例说明了借助资源能力模型实现高校科研团队能力现状的评估及诊断现阶段制约团队能力提高的瓶颈因素的可行性。同时,提出了高校科研团队能力的 EPD 循环改进方法,帮助科研团队找出自身不足和改进方向,对于衡量、评估和改进科研团队的整体能力水平、持续提高科研团队的科研创新水平有着重要意义,为后续研究生拔尖创新人才能力素质驱动模型的构建奠定了理论基础。

第六章　基于团队资源能力的研究生拔尖创新人才能力测评实证研究

培养拔尖创新人才是建设创新型国家的必然要求，而拔尖创新人才培养的主要渠道是研究生教育，因此研究生拔尖创新人才的培养至关重要。高校科研团队为研究生拔尖创新人才的培养提供了平台，研究生依托科研团队成长，从而提高了自身的能力素质。

第一节　背景介绍

探索拔尖创新人才的培养模式，促进拔尖创新人才的不断涌现，是建设创新型国家的必然要求，也是教育改革急需解决的迫切问题。《国家中长期教育改革和发展规划纲要(2010—2020年)》指出，要努力造就高素质劳动者、专门人才和大批拔尖创新人才，大力提升国家核心竞争力和综合国力。《中国教育现代化2035》重点部署了面向教育现代化的十大战略任务，其中提升一流人才培养与创新能力为战略任务之一，并提出加强创新人才特别是拔尖创新人才的培养，全面提升高等学校原始创新能力。

拔尖创新人才概念的提出，顺应了时代的需求。拔尖创新人才培养的主渠道是高校和科研院所的研究生教育，研究生教育的质量直接影响我国拔尖创新人才的培养。因此，高等院校和科研院所如何加强研究生教育质量，培养更多具有创新意识和综合能力的拔尖创新人才，更好地为创新型国家建设服务，这是一个重要课题。本研究以团队资源能力和个人能力素质相关理论为指导，在对研究生拔尖创新人才能力构成进行系统剖析的基础上，构建了基于团队资源能力视角的研究生拔尖创新人才能力素质驱动模型，并通过设计问卷，进行问卷调查，运用SPSS和AMOS统计软件对调查问卷所收集到的数据进行了详细的分析，验证所提出的研究假设，探索研究生拔尖创新人才培养的新途径。

第二节　研究生拔尖创新人才能力素质特征构成

拔尖创新人才的培养是建设创新型国家、增强国际竞争力的客观要求。研究生是这一大批拔尖创新人才来源的主力军，而具备什么样的特征才能使这些研究生成为拔尖创新人才是我们需要进一步明确的。以能力素质模型为基础，针对不同的行业、管理水平以及部门，一些学者提出了相对应的能力素质模型。本部分研究以 Spencer and Spencer(1993)、罗双平(2006)等提出的胜任力模型和岗位通用能力素质模型为基础，从内在素质、知识储备、专业技能、综合能力四个方面，提出研究生拔尖创新人才能力素质结构，为能力测评实证研究奠定基础。

一、文献检索与研究现状

根据文献检索的结果，进行文献分析，有关研究现状如表 6-1 所示。

表 6-1　研究生拔尖创新人才能力素质特征构成研究现状

作者(年份)	特征
张秀萍(2005)	宽厚精神的知识、开拓创新综合能力、顽强与敬业素质
张伟(2007)	扎实的基础知识、较强获取知识的能力、较强的综合应用能力、开拓创新精神和初步的创造能力、团结协作精神
卜祥云、唐贵伍、蔡翔(2008)	知识渊博，个性突出善于创新，开拓进取追逐卓越，实现自我渴求认同，期望尊重
马一博(2010)	知识储备、思维能力、耐力毅力、实践能力、科研能力
徐晓媛、史代敏(2011)	精力充沛、坚持不懈、注意力集中、想象力丰富、富于冒险精神
扶慧娟(2011)	具有一定的知识基础和一定的专业技能，创造和再创造、健全的人格、所处行业有所成就
孙鑫(2012b)	有强烈的责任心，可以成为本领域的领袖人物；有创新激情，渴望发现并解决问题；有创新能力，具备解决问题的思维和方式；具备国际视野，能为本领域的发展做出世界级的贡献
杨淞月(2012)	品德高尚、知识广博、创新能力和实践能力强及非智力因素好
沈田(2012)	创新意识、创新思维、创新能力，有成长为未来领军人才的潜力
纪梅玲(2012)	精深的知识、开拓创新能力、顽强与敬业精神

表 6-1（续）

作者(年份)	特征
张艳强(2012)	智力水平相对较高、知识储备量相对要大、高度独立和充分的自信心、幽默感相对较强、具有强烈的好奇心与旺盛的求知欲、敢于怀疑与冒险、多思、多想
高晓明(2012)	精深的专业造诣、强烈的社会责任感以及用于批判和变革的勇气
张霜梅(2013)	独立性、高端性、创新性
刘竞(2013)	掌握的科学文化知识丰富、具备的思想境界和道德素质高尚、创新意识活跃、具备独立的研究能力和创造精神
赵志秋(2013)	健全的身心素质、基本的知识结构、创新精神与意识、组织协作能力
李艳(2014)	创新能力、学习能力、分析综合能力、实践动手能力、解决问题能力
董文杨(2014)	独立思考的能力，较强的综合相关知识进行应用研究的能力和多维思考的能力，较强获取知识的能力，具有沟通、组织、协调的能力
汪天虹(2014)	创新能力、综合素质、国际化或国际竞争力以及社会责任
邓秋南(2019)	个人自身特有本质能力，人与人之间在知识、技能、动机、价值观等方面有区别的重要标志

二、研究生拔尖创新人才能力素质特征总结

通过对以上的研究结果归纳整理，取以上研究生拔尖创新人才能力素质特征的合集，去除重复的项、描述过于笼统的项（如高端性、敢于怀疑与冒险、多思、多想等），统一相近概念的项（如创造精神和创新能力等），并把这些能力素质特征按照已有的能力素质模型划分的维度进行归类，如表 6-2 所示。

表 6-2　研究生拔尖创新人才能力素质特征

维度	特征构成
内在素质	事业心、责任心、自信、坚强、独立、原则性、开拓进取、甘于奉献
知识储备	基础知识、专业知识、综合知识
专业技能	调查研究、理解判断、信息收集与处理、归纳总结、计划组织、语言表达、沟通协调、团队协作
综合能力	应变能力、学习能力、实践能力、创新能力、领导能力、心理调节能力

第三节　研究生拔尖创新人才能力素质驱动模型构建

高校科研团队是高校以学术研究中心、科研梯队、课题研究小组等为代表的科学研究性群体组织。它要求其成员具备相辅相成的专业技能、知识结构。成员都以团队为中心，在科研活动中共同努力实现团队的目标。①

高校科研团队在追求科研成果的不断涌现过程中，通过团队的力量，促使团队中的研究生激发科研兴趣，提高自身的科研能力，在潜移默化中强化研究生的创新意识。②

本部分基于上述分析的研究生拔尖创新人才能力素质，从个人能力素质和团队资源能力集成的视角，构建研究生拔尖创新人才能力素质驱动模型。

一、建模思路

在科研团队中，团队目标的实现离不开团队成员个人能力的发挥，同样团队成员依靠团队提供的平台实现个人能力素质的提升。

个人层面的能力与团队层面的能力密不可分，两者之间的相互作用促进了组织的复杂性以及个人能力的组织依赖性。③ 本研究在前面的章节中构建了科研团队资源能力模型，分析了个人能力素质模型，根据高校科研团队资源能力模型和个人能力素质模型，建立两者的驱动模型，并通过实证调研，验证科研团队的资源能力对研究生拔尖创新人才培养的影响关系。

二、模型构建

前一部分的文献综述已对研究生拔尖创新人才的研究现状做了全面系统的陈述，从中可以看到，目前较少从团队资源能力和个人能力素质集成的视角进行研究。

本章探索建立基于个人能力素质和团队资源能力集成视角的研究生拔尖创新人才能力素质驱动模型，主要基于三个方面：一是以科研团队资源能力模型和个人能力素质模型理论为出发点；二是总结已有研究生拔尖创新人才能力

---

① 赵海信:《高校科研团队建设的研究》,《科技进步与对策》2007 年第 8 期,第 188-189 页。

② 肖春、毛诗焙:《高校科研团队与研究生创新人才培养》,《黑龙江高教研究》2011 年第 6 期,第 69-71 页。

③ 王勇、王瑞飞:《个体有机能力及其同组织层次能力整合机理与过程分析》,《科研管理》2004 年第 3 期,第 110-116 页。

素质的研究；三是系统思考和研究后形成的团队资源能力和个人能力素质集成的研究视角。（图 6-1）

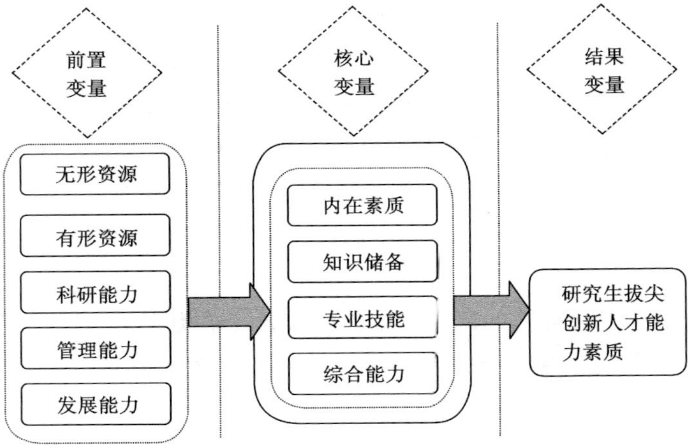

图 6-1　研究生拔尖创新人才能力素质驱动模型

模型由三种变量组成，前置变量：科研团队资源能力，主要包括：无形资源、有形资源、科研能力、管理能力、发展能力五个方面；结果变量：研究生拔尖创新人才能力素质；核心变量包括：内在素质、知识储备、专业技能、综合能力。

三、模型转换

通过以上分析，探讨模型中各变量的因子构成，以及各潜在变量之间的因果关系，将基于团队资源能力视角的研究生拔尖创新人才能力素质驱动模型转换为结构方程建模的 AMOS 概念模型，如图 6-2 所示。

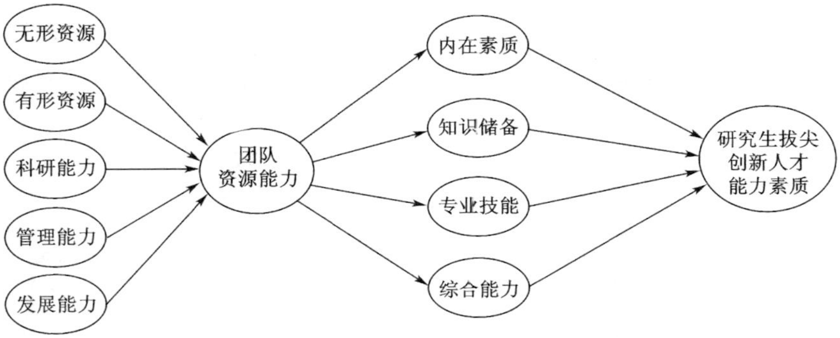

图 6-2　AMOS 概念模型

本研究所提出的基于团队资源能力视角的研究生拔尖创新人才能力素质驱动模型，探讨了团队资源能力和研究生拔尖创新人才能力素质之间的关系，其基本思想是：科研团队资源能力对研究生能力素质的培养有着重要的驱动力。另外，研究生拔尖创新人才需要从内在素质、知识储备、专业技能、综合能力四个方面去分析评价。

第四节 研究假设的提出

高校科研团队为科研人员提供了良好的科研工作平台，许多研究生参与科研团队的活动，不仅为科研团队核心能力贡献力量，而且通过科研团队的锻炼，许多优秀的研究生提升了自己的个人能力素质，获得了自身的发展。Barry and Stewart、Stewart and Neubert(1997)和 Barrick(1998)等学者通过实证分析证实了科研团队和团队成员的能力素质有着相互影响关系。因此，综合已有的研究，结合前文有关团队资源能力模型的分析结果，提出如下假设：

H1：科研团队资源能力对研究生的内在素质有正向影响。

H2：科研团队资源能力对研究生的知识储备有正向影响。

H3：科研团队资源能力对研究生的专业技能有正向影响。

H4：科研团队资源能力对研究生的综合能力有正向影响。

H5：内在素质对研究生拔尖创新人才能力素质培养有正向影响。

H6：知识储备对研究生拔尖创新人才能力素质培养有正向影响。

H7：专业技能对研究生拔尖创新人才能力素质培养有正向影响。

H8：综合能力对研究生拔尖创新人才能力素质培养有正向影响。

第五节 问卷设计与调研

一、调查问卷内容设计

本研究的调查问卷设计主要参考 Churchill(1979)和 Dunn、Seaker and Waller(1994)等提出的问卷设计流程，分以下四个阶段：

(1) 大量阅读国内外研究生拔尖创新人才的相关文献，结合本研究的研究视角，确定变量的初始测量题项，设计调查问卷初稿。

(2) 征求优秀科研团队人员的意见，完善调查问卷，并拟定进一步深度访谈的提纲。

(3) 邀请相关领域专家深度访谈,完善调查问卷。

(4) 在江苏的部分高校进行调查问卷的预测试,根据回馈和建议,对各变量的测量问项进行进一步修改,在此基础上形成调查问卷最终稿。

二、深度访谈与问卷修正

问卷设计必须经过访谈阶段。通过深度访谈,听取被访者的意见,可以及时了解本研究假设的合理性、调查问卷设计的合理程度、测量问项的合理程度等。访问调查作为一种问卷调查的有效补充,两者配合使用可以更好地收集相关数据。

根据本研究的研究目的,采取面谈方式进行访问调查,取得访谈对象对研究生拔尖创新人才的第一手数据。通过访谈的记录汇总确定测量指标,得出调查问卷的最终稿。

三、数据来源与处理

本研究的数据来源于国内重点高校和省属重点高校的研究生调查数据。调查对象涵盖了理工、经管和人文各类学科领域,具有一定的代表性。问卷发放采用纸质问卷及在线问卷互补的方式。共发放问卷 600 份,收回 483 份,问卷回收率为 80.5%,其中有效问卷 436 份,问卷有效率为 90.27%。

问卷内容包含 26 项研究生个人能力素质项及 16 项科研团队资源能力项的量表,采用五级量表对被调查者的个人能力素质和所在科研团队的资源能力现状进行测量。为了验证研究生能力素质的有效性以及在后面的应用部分确定研究生能力素质权重,对研究生个人能力素质特征增加了一项重要程度的测量。

四、问卷信度检验

信度是反映问卷测试结果受随机误差影响程度的指标,即问卷测量结果的一致性程度,是评价问卷结果质量的最基本指标。通过调查问卷收集到的数据和数据的质量(即可靠性)高低对调查结果的真实性具有决定性的作用。本研究采用克朗巴哈(Cronbach)α 信度系数对预测试问卷进行信度分析,问卷总体的 Cronbach's α 信度系数为 0.966,说明该问卷整体结构设计具有较高的可信度。

表 6-3 问卷各分量信度表

分量	Cronbach's α 系数
总 体	0.966
研究生个人能力素质	0.953
科研团队资源能力	0.942

问卷研究生个人能力素质 α 信度系数为 0.953;问卷科研团队资源能力 α 信度系数为 0.942,表明问卷两部分设计合理,可信度较高。问卷各指标 α 信度系数均在 0.8 以上,说明问卷各指标都具有良好的内在信度,表明调查所取得的资料可靠性较高,基于该问卷进行的资料统计分析结果也是比较可靠的。

第六节 基于结构方程的数据分析

一、描述性统计分析

根据问卷调查结果,整理总体样本分布情况,如表 6-4 所示。

表 6-4 总体样本分布情况统计(N=436)

类别	统计量	人数/个	占比	类别	统计量	人数/个	占比
专业大类	理工类	228	52.29%	研究生类别	硕士	235	53.90%
	经管类	85	19.50%		博士	181	41.51%
	人文类	123	28.21%		博士后	20	4.59%
	小计	436	100%		小计	436	100%
年龄	29 岁以下	267	61.24%	已就读年限	≤2 年	279	63.99%
	30～35 岁	92	21.10%		3～4 年	82	18.81%
	35～40 岁	56	12.84%		5～6 年	46	10.55%
	40～45 岁	17	3.90%		6 年以上	29	6.65%
	45 岁以上	4	0.92%		小计	436	100%
	小计	436	100%				

二、结构方程模型分析

对调查问卷资料进行的信度分析表明,所有的资料均满足信度检验的要求，可以进行下一步分析。

（一）初始结构方程模型

由于无形资源、有形资源、科研能力、管理能力、发展能力、内在素质、知识储备、专业技能、综合能力等均属于无法直接观测的不可测变量，故在调查问卷所得到的资料以及调查问卷可靠性分析的基础上，本研究对所提出的团队资源能力视角的研究生拔尖创新人才能力素质驱动模型采用结构方程模型建模分析。利用 AMOS22 软件，将每个潜变量的观察变量根据问卷进行测量，然后代入调研的数据，计算得出模型结果。具体路径设置如表 6-5 所示。

表 6-5　初始结构方程模型路径

初始结构方程模型路径	初始系数
科研团队资源能力←—无形资源	1
科研团队资源能力←—有形资源	
科研团队资源能力←—科研能力	
科研团队资源能力←—管理能力	
科研团队资源能力←—发展能力	
关系资源←—无形资源	1
组织结构←—无形资源	
团队文化←—无形资源	
物力资源←—有形资源	1
财力资源←—有形资源	
人力资源←—有形资源	
技术创新←—科研能力	1
知识创新能力←—科研能力	
获取科研项目能力←—科研能力	
科技成果转化能力←—科研能力	
控制能力←—管理能力	1
组织能力←—管理能力	
计划能力←—管理能力	
领导能力←—管理能力	
管理创新能力←—发展能力	1
学习能力←—发展能力	

表 6-5（续）

初始结构方程模型路径	初始系数
事业心←—内在素质	1
责任心←—内在素质	
自信←—内在素质	
坚强←—内在素质	
独立←—内在素质	
原则性←—内在素质	
开拓进取←—内在素质	
甘于奉献←—内在素质	
理论知识←—知识储备	1
专业知识←—知识储备	
综合知识←—知识储备	
计划组织←—工作技能	1
语言表达←—工作技能	
沟通协调←—工作技能	
归纳总结←—工作技能	
理解判断←—工作技能	
调查研究←—工作技能	
团队协作←—工作技能	
信息收集与处理←—工作技能	
心理调适←—综合能力	1
应变能力←—综合能力	
实践能力←—综合能力	
领导能力←—综合能力	
学习能力←—综合能力	
创新能力←—综合能力	
内在素质←—科研团队资源能力	1
专业技能←—科研团队资源能力	
综合能力←—科研团队资源能力	
知识储备←—科研团队资源能力	
拔尖创新人才能力素质←—内在素质	
拔尖创新人才能力素质←—专业技能	

表 6-5（续）

初始结构方程模型路径	初始系数
拔尖创新人才能力素质←—综合能力	
拔尖创新人才能力素质←—知识储备	

模型中共有 99 个变量，观察变量 41 个，潜在变量 58 个，外因变量 52 个、内因变量 47 个，如表 6-6 所示。

表 6-6　初始结构方程模型

变数	数量
模型中变量总数	99
观察变量	41
潜在变量	58
外生变数	52
内生变数	47

（二）模型识别

运行后，模型的相关拟合指标如表 6-7 所示。

表 6-7　结构方程模型的拟合指数

指标名称	指标值
χ^2/df	3.210
GFI	0.657
AGFI	0.622
CFI	0.693
RMSEA	0.063
RMR	0.048

测量模型的拟合统计值中，$\chi^2/df=3.210$，大于 3 表明该模型理论模型需进一步完善。模型中拟合度 GFI 为 0.657，调整拟合度 AGFI 为 0.622，比较拟合指数 CFI=0.693，均小于 0.70，说明模型还有改进的地方。一般认为这几个

参数大于 0.7 是可接受的，大于 0.9 是良好的，所以本模型还需要进一步修正。另外，残差均方和平方根 RMR＝0.048 的值小于 0.05，在可接受的范围内，但是渐进残差均方和平方根 RMSEA＝0.063，大于 0.05，也表示模型需要改进。

（三）模型修正

根据 AMOS 输出结果中的模型修正向导（modification indices），通过建立关联性强的变量之间的关系逐步修正模型，得到修正后的结构模型。修正后的模型和初始模型的主要区别在于增加了潜变量之间的相关关系，在初始模型中假定科研团队资源能力的无形资源、有形资源、科研能力和管理能力之间是相互独立的，但是模型修正向导提示它们之间有相关关系，因此，修正后的模型在它们之间建立相关关系。

（四）修正后的模型识别

修正后的模型相关拟合指标如表 6-8 所示。

表 6-8　修正后结构方程模型的拟合指数

指标名称	指标值
χ^2/df	2.891
GFI	0.797
AGFI	0.756
CFI	0.835
RMSEA	0.043
RMR	0.041

测量模型的拟合统计值中，χ^2/df＝2.891，小于 3，表明该模型理论模型可以接受。模型中拟合度 GFI、AGFI、CFI 的值均大于 0.70，说明模型尚可。另外，RMSEA 和 RMR 的值小于 0.05 在可接受的范围。所以经过修正后，总体模型可以接受。

（五）模型计算

在前面分析的基础上，本研究利用 AMOS 软件进行结构模型的运算。设定相应的参数后，将收集的调查数据导入构建的结构方程模型，并进行相应设置，进行运算，得出相应的结果。标准化回归系数根据变量的 z 分数或相关矩阵求得。模型标准化路径系数如表 6-9 所示。

表 6-9　模型标准化路径系数

理论假设	结构模型路径	标准化路径系数
H1	内在素质←—科研团队资源能力	0.52
H2	知识储备←—科研团队资源能力	0.64
H3	专业技能←—科研团队资源能力	0.83
H4	综合能力←—科研团队资源能力	0.77
H5	拔尖创新人才能力素质←—内在素质	0.74
H6	拔尖创新人才能力素质←—知识储备	0.79
H7	拔尖创新人才能力素质←—专业技能	0.88
H8	拔尖创新人才能力素质←—综合能力	0.86

表 6-9 说明了科研团队的无形资源、有形资源、科研能力、管理能力、发展能力对科研团队的资源能力产生的影响，而科研团队的资源能力通过对研究生内在素质、知识储备、专业技能、综合能力的作用间接地影响研究生拔尖创新人才的能力素质。

（六）假设检验研究结果分析

根据以上对本研究建立的理论模型的检验、潜在变量之间的回归系数值分析，本研究搜集的资料支持了所提出的假设。

1. 科研团队资源能力对研究生能力素质的影响

高校科研团队的资源能力对于团队中的研究生有着重要的影响。研究生在科研团队中各自承担相应的科研任务，通过自身的努力完成科学研究，提高了研究生自身的自信心、责任心、独立性等内在素质，因此科研团队的资源能力对于研究生拔尖人才的内在素质有正向的影响，研究假设 H1 得到验证。

研究生在科研团队中通过科学研究，一方面将自己的基础知识和专业知识运用于实践，另一方面通过团队内部成员间多学科知识背景的交流，丰富了自身的知识存量。因此，科研团队的资源能力对于研究生拔尖创新人才的知识储备有正向的影响，研究假设 H2 得到验证。

科研团队为研究生专业技能的施展提供了一个组织载体。在科研团队中，研究生通过团队合作、协同工作，可以实现研究生的计划组织、沟通协调、团队协作等专业技能的提升。因此，科研团队的资源能力对于研究生拔尖创新人才的专业技能有正向的影响，研究假设 H3 得到验证。

在科研团队中，研究生作为团队成员在团队中通过内部交流，实现知识的传播和转移，提高了研究生的学习能力。同时，研究生通过团队熟悉了各种办事程序，掌握了从事学术研究的有关政策法规、制度惯例、发展规划等情况，提升了自身的实践能力、领导能力等综合能力。因此，科研团队的资源能力对于研究生拔尖创新人才的综合能力能有正向的影响，研究假设 H4 得到验证。

更深层次来看，由于研究生的内在素质有一部分是与生俱来的，虽然有的内在素质是受环境影响的，但是到了研究生阶段其基本的内在素质已经形成。通过科研团队虽然能够提升研究生的内在素质，但是这是一个长期的过程。因此，科研团队的资源能力对于研究生拔尖创新人才的内在素质的影响相对较低。而研究生的专业技能通过科研团队的锻炼，能够在较短的时间里提高，所以科研团队的资源能力对于研究生拔尖创新人才的专业技能影响相对较大。

2. 研究生自身素质特征对研究生拔尖创新人才能力素质形成的影响

研究生的内在素质、知识储备、专业技能和综合能力对于研究生拔尖创新人才能力素质有直接的影响，数据分析验证了这一点，因此，假设 H5、H6、H7、H8 成立。从模型的测量结果来看，综合能力和专业技能对研究生拔尖创新人才的能力素质培养影响较大，导致这一结果的可能是我们这次调查的对象主要是研究生群体，他们对于自身在科研团队中专业技能和综合能力的提升更容易感知，而对于内在素质的提升较难感觉到，或者在未来的工作中才能逐步察觉到，因此认同度较低。后续如果扩大调研群体，可能得到的结果会有所不同。

本章小结

高校科研团队为研究生拔尖创新人才的成长提供了一个平台，研究生依托科研团队成长，从而提高了自身的能力素质。本章借助团队资源能力和个人能力素质相关理论，构建了基于团队资源能力视角的研究生拔尖创新人才能力素质驱动模型，并设计了问卷进行实证研究，运用 AMOS22 分析软件对调查问卷所收集到的资料进行了详细的分析，验证了提出的假设。本章将个人层面的研究生能力和团队层面的科研团队能力结合起来进行研究，对于当前采用科研团队形式、导师制的研究生拔尖创新人才的培养和科研团队建设具有一定的借鉴意义。但是由于时间和知识的限制，本研究建立的能力素质驱动模型的合理性和准确性还有待进一步验证。同时，问卷的调查对象仍需进一步拓宽，这也是未来完善本研究的方向。

第七章　研究生拔尖创新人才能力培养提升机制及对策建议

在互联网经济和数字经济爆发式增长的时代，竞争日益加剧，知识不断创新，当今社会对于创新人才的需求与日俱增，如何培养和造就一批高层次的拔尖创新人才是当前教育改革面临的重大问题。习近平总书记在党的十九大报告提出，“人才是实现民族振兴、赢得国际竞争主动的战略资源。”“实行更加积极、更加开放、更加有效的人才政策”，“让各类人才的创造活力竞相迸发、聪明才智充分涌流”。2020 年 7 月，习近平总书记强调，研究生教育在培养创新人才、提高创新能力、服务经济社会发展、推进国家治理体系和治理能力现代化方面具有重要作用。

研究生群体是我国高层次创新人才培养的主要来源，是进行科学探索和知识创新的生力军。研究生拔尖创新人才的培养是关系到研究生是否能成才的重要方面。拔尖创新人才的培养顺应了时代的需求，而拔尖创新人才培养的主渠道是高校和科研院所的研究生教育，研究生教育的质量直接影响我国拔尖创新人才的培养。本部分内容将根据前文研究的结果，提出研究生拔尖创新人才能力培养提升机制及对策建议。

第一节　提升机制

(1) 加强高校科研团队的“软实力”建设，为研究生拔尖人才培养提供良好的科研平台。科研团队内部要形成成员的共享心智模式和团队文化，形成良好的沟通机制，加强团队的凝聚力，促进团队内部团结合作，构建高校科研团队内部的定期交流机制，通过学术交流和沟通来提高团队的管理水平和工作效率，营造温馨、融洽、和谐的人文氛围，让研究生能感受到在科研团队中的优势，为选拔和培养研究生拔尖创新人才提供平台。

(2) 建立健全有效的激励机制，鼓励更多研究生参加相关的科学研究团队，充分发挥研究生进行科学研究创新的潜力。高校要从人、财、物三个方面加大对研究生的投入，引导研究生进行科研活动，从根本上重视研究生科研能力的提高和在团队中可能发挥的重要作用，为研究生创造良好的学术氛围，促进杰出研究生通过科研团队的平台迅速提升自身的能力素质并脱颖而出，为研究生拔尖创新人才能力素质的形成创造良好的宏观环境。

(3) 整合科研团队资源能力，保持研究生学术创新的活力。优化科研团队资源能力，保持团队梯度的合理性和研究的可持续性，鼓励跨专业、跨学科的研究生参加到科研团队中，通过多学科交叉的碰撞，激发研究生持续的创新能力。其中，科研团队的带头人要起到引领和指引的作用，要提高知人善任、管理协调、计划组织的能力，并及时获取外部信息来为团队争取外部资源，保持团队成员之间和谐融洽，使团队中优秀的研究生能最大限度地施展其能力。

(4) 建立有效的内部考评机制，提高研究生和科研团队的工作效率。在科研团队内部，定期对团队成员尤其是研究生科研创新能力进行评估，如对申请相关基金、课题项目的完成情况等学术活动开展情况进行评价，促使研究生进行自我评价，发现问题，及时采取改进措施。同时评价的标准应不仅限于科研业务水平，而要依据研究生拔尖创新人才能力素质的要求，注重对研究生内在素质的评估，要德才兼备，不断提升其综合能力，才能更为合理地培养研究生拔尖创新人才。

(5) 坚持人本化的领导理念与管理方式。大学学术团队因其创造性追求，而使自己在发展过程中经常处于复杂多变的学术环境中。团队领导者应当清楚地认识到，必须用以人为本的科学理念为指导，驾驭整个学术团队的运行和发展，结合实际形成科学合理的领导方式与管理模式，并借助于完善的管理体制和机制促进学术团队的发展。注重对骨干学术研究者的培养，要在实践中秉承改革创新的管理理念，不断改进大学学术团队的管理工作，要着力促进大学学术团队中组织成员创新能力的发展，坚持以团队成员及其发展为本。把促进学术团队成员的发展作为团队管理的首要任务，并以此为根据完善各种团队管理的组织制度。实际上，以人为本的管理观念也是最经济和最科学的人力资源管理理念，因为组织成员是人力资本赖以形成的人力资源，如果把他们作为资产来看待，他们在将来的价值要比现在大得多。

(6) 完善鼓励创新的团队绩效评价体系。在现行的某些大学学术团队的评价体系中，不但没有鼓励成员间的合作与创新，反而因为对成员工作绩效的量化要求而形成了对合作与创新的负面影响，非常不利于学术团队创新氛围的创设和营造。尤其是对于理工科的学术团队来讲，在一项研究中往往需要多人的合作，为了增加学术研究成功的几率，在未知结果和方向不确定的情况下，学术团队往往采取的是分工、分方向进行研究的方式，但在最后的研究成果中极可能只有一人找到了正确的研究方向，进而取得了重要的学术研究成果。如果在绩效的评价体系中太过注重结果，对于取得成果的团队成员给予重奖，而不考虑其他成员的贡献，无疑将极大地挫伤其他团队成员的积极性。鼓励创新的最重要一点就是鼓励大胆尝试，尤其对于探究性的研究更是如此。所以，建立和完善学术团队科学合理的绩效评价制度，在绩效评价中不仅要注重结果，而且要注重科学研究的过程，对于虽未成功但有创新尝试的团队成员要给予适当的鼓励，从而为鼓励合作创新提供基本的舆论和制度保障。

(7) 鼓励和支持学术带头人组建科研团队。科研团队的组建需要高水平的专家学者作为带头人，但是有了高水平的专家学者并不等于就成功地建设了一支有凝聚力和战斗力的学术团队。建设学术团队还需要组织的协调与引导，引导研究方向相同或相近的学术骨干向学术带头人靠拢。有一些学术骨干经过自我磨砺和组织培养，其学术上的成就和人格上的魅力已逐渐走向成熟，他们已具备带领学术团队的能力和条件，这时，学院和学校就应该不失时机地做工作，主动关心他们的团队配备情况，通过政策和利益导向，鼓励和支持他们组建学术团队，并给予适当的团队启动经费。同时，通过招聘、双方自愿、组织协调与引导等多种方式鼓励研究方向相同或相近的学术骨干向已逐渐走向成熟的学术带头人靠拢。学院和学校作为一级行政组织，应该充分发挥自己在组织、管理、导向、协调等方面的优势。组建学术团队并不是一件容易的事，除了需要年龄、职称、学术地位的基本相配和研究经费的充足之外，最需要的就是学术带头人的凝聚力和团队成员之间的合作精神。因此，创建和谐的人文环境和学术环境，通过政策导向和利益导向倡导合作，为研究生拔尖创新人才培养构建良好的团队平台。

(8) 团队资源能够实现资源共享。团队资源共享提高了资源利用率，沟通协作机制的有效运行是保证科研团队内资源共享的有效手段。目前，资金充裕的高校投入大量资金进行学校建设，存在资源浪费、重复购置等现象；而资金短缺的高校则存在设备资源紧张的情况。如何提高高校资源利用率已经成为困扰和阻碍高校建设的一个难题。组建科研团队后，能够同时提高高校软硬件资源的利用率，减少不必要的重复采购以及资源闲置；并且使得科研经费更为集中，加快团队的科研平台建设。沟通协作机制既培养了研究生的科研创新能力，又培养了团队协作精神。要培养研究生的创新能力，就要让研究生处于一个充满竞争、相互学习的管理机制。团队内的研究生相互间的学习和竞争能促进研究生科研素养的提高。同时，研究生进入科研团队，既培养了其科学研究的能力，又培养了其团队协作精神，也为优秀的领军式的人物的脱颖而出创造了条件。

第二节　对策建议

一、更新教育理念，优化研究生培养过程，推动人才培养模式创新

(1) 树立新教育理念，创新人才培养模式。研究生拔尖创新人才的培养是高校研究生教育的主要工作之一，而研究生教育的本质在于研究，研究的本质在于创新。因而，提高研究生的教育质量，核心就是要培养和提高研究生的创新能力。要改善研究生科研创新能力，首先必须更新传统的研究生教育观念，树立创新教育理念，这是培养具有创新型人才的前提。作为研究生拔尖创新人才培养的主体——学校，要树立以培养和提高研究生创新品质为内涵，以出创新成果和创新人才为导向的创新教育观念。同时，改进研究生培养模式，立足于研究生的需要、优势、个性，实现研究生自身的个人价值，重视探索和创新精神，引导研究生去探索和创新，改变过去仅仅是灌输和训练的培养方式，树立“以人为本”的个性化培养理念，依托科研团队、创新群体等科研平台，将创新教育观念、创新人才培养模式贯穿研究生拔尖创新人才能力培养的全过程。通过激励机制的有效实施，全面调动研究生、导师、管理者的创新积极性，构建学校、科研团队、导师、研究生协同一体化的培养体系。

(2) 调整课程设置，构建科学实用的课程体系。课程教学是研究生拔尖创新人才能力培养的基础，是研究生获得知识的基本途径，也是研究生教育环节的起始阶段。课程的合理设置，前沿的教学内容的配置、有利于开发创新思维的教学方法的运用，对研究生知识积累、创新思维训练起到重要的作用。因此，要开设富有特色的课程，重视基础理论课程，强调文理渗透，增设跨学科课程，提倡通识教育和跨学科课程教育，构建科学实用的课程体系，拓宽研究生的知识结构，努力使新课程体系对研究生拔尖创新人才的培养起到积极的作用。

(3) 转变教学方式，优化研究生教育培养过程。课程的授课方式是研究生

教育培养过程的一个重要方面和体现。目前，我国研究生课程的授课方式仍然以“教师讲授为主，学生讨论为辅”，这种授课方式并非是培养创新能力的最好方式，也是需要改进的一个方面。因此，我们要转变教学方式，课堂上不单以传授为主，应该从实际的问题入手，通过学术讨论、案例研究、角色扮演和辩论等多种方式，鼓励学生积极思考，参与到课堂中，探讨热点问题，培养创新思维。在专业学习上拥有探讨、怀疑、不赞同和向权威质疑的自由，培养学生积极思考和探究的意识，这样不仅能够使研究生掌握扎实的基础知识，也能够锻炼其创新实践能力，为研究生拔尖创新人才的培养创造条件。

二、构建人性化管理制度，完善培养制度，实施有效的激励机制

（1）规范研究生培养环节各项管理制度，构建研究生人性化培养的教育环境。良好的管理氛围能够增强研究生进行科学研究的兴趣和动力，激发他们的创造力。研究生的生源组成相对复杂，他们在知识结构、社会经验、学术潜力等方面都存在较大差异，如果采取单一的管理制度和培养方式，会阻碍其个性化发展。因此，应该构建“以人为本”的人性化管理制度，让研究生创新思维的主要过程——探索性、创新性活动，成为每个研究生的自觉行为，促使研究生个体的聪明才智得到充分的挖掘和发展，才能有利于培养更多的研究生拔尖创新人才。

（2）完善人才培养的制度环境。培养研究生创新人才，培育创新精神，需要硬件的支撑，更需要培养制度的改革和完善。要以有利于宽容和理解氛围的形成、有利于创新个性的发挥、有利于学术自由为目标，营造良好的宏观制度环境，完善人才培养的制度环境。鼓励研究生积极参加各类学科竞赛、学术研讨等活动，通过这些活动，激发研究生创新的积极性和创造性。倡导教学科研相结合，把科学研究作为研究生拔尖创新人才培养的依托，把拔尖创新人才培养作为增强创新能力的有效途径，充分发挥导师和研究生的创新潜力，以高水平的研究保障高质量的人才培养。同时，创新教育教学方法，注重学思结合、知行统一，培养学生的科学探索精神，增强研究生的社会责任感和使命感。因此，只有完善人才培养的制度环境，才能不断解除阻碍创造的体制和机制的束缚，为研究生拔尖创新人才的自由成长和创造力发挥提供制度保障。

（3）实施有效的激励机制，使创新成为趋势。适当的鼓励措施能够促进研究生拔尖创新人才的培养，但是，目前我国很多高校的激励机制尚不足以激发研究生参与创新实践的热情。要从实际出发，根据研究生的需求，形成多种激

励方式，鼓励研究生进行科学探索，对研究生取得的创新成果进行奖励，奖励的方式要兼顾物质奖励和精神的奖励。同时，开展以培养创新精神和创新能力为主的实践活动，把研究生创新的表现作为研究生综合考核的重要依据和指标，最大程度地形成崇尚科学探索和激励创新行为的氛围，提高研究生进行主动创新的意识，并把研究生个体考核与团队、小组考核相结合，把研究生个体的利益和发展与科研团队和学科建设的发展目标有机结合在考核与激励之中，激发研究生创新的动力。

三、规范导师权利，建立进退有序的动态调整机制，提升导师队伍水平

(1) 规范导师权利，强化指导过程管理。导师队伍是影响研究生人才培养质量的根本与基础。一支高素质的导师队伍，是培养具有创新能力的高素质研究生的重要保障。近年来，我国高校研究生导师队伍建设取得了显著的成效，队伍规模不断扩大，整体素质得到提升，创新能力明显提高。但是，也存在诸如把研究生当作廉价劳动力，安排研究生从事与教学、科研、社会服务无关的事务等问题。因此，要规范研究生导师的权利，明晰导师的职责边界，牢固树立以德立身的宗旨，把导师权利与责任重点放在指导研究生制订学习计划、传授科学探索方法、引导研究生进行科研创新等指导过程上来。通过强化指导过程管理，确保导师有足够的时间和精力提供指导，及时督促研究生完成各项科研任务，激发研究生创新活力。

(2) 建立进退有序的动态调整机制，优化导师队伍结构。导师队伍在研究生拔尖创新人才培养中责任重大，要充分调动导师对于培养工作的积极性、主动性和创造性。因此，必须引入竞争机制，建立研究生导师进退有序的动态调整机制。高校可根据学科布局，将研究生名额向学科实力强、学术成果丰富、学生培养质量高的导师队伍倾斜，对一些学术水平不高、不专心投入指导的导师可以采取停招或者取消导师资格的措施，将一批德才兼备的优秀青年教师尽快吸收进导师队伍，优化导师队伍结构，为研究生拔尖创新人才培养保驾护航。

(3) 通过实施“引进来”与“走出去”战略，切实提升导师队伍整体水平。所谓的“引进来”就是通过各种激励措施，引入国外一些知名专家和学者，充实到导师队伍中，将国外先进的研究生教育理念和培养模式引入国内。同时，积极推行“走出去”战略，使研究生导师获得更多机会到国外知名大学或学术机构进修或者访学，提高研究生导师的国际化视野，拓宽进行科学研究的渠道。通过，“引进来”与“走出去”双管齐下，切实提升导师队伍整体水平。

四、进行组织创新，实行多元化的考核与激励机制，构建科研团队平台

(1) 打破制度壁垒，进行组织创新。当代科学的发展使得学科之间的联系越来越紧密，各学科间交叉与融合的趋势越来越明显。因此，这就要求改变学校内部以往院系之间界线分明而不利于合作的学科组织形式，打破制度壁垒，进行组织创新。要发挥大学固有的学科、信息和人才优势，组建一批多学科集成的科研团队，才能适应各学科间交叉与融合的新要求。要建立健全科研团队的管理制度，积极支持以高层次拔尖人才为核心的围绕国家战略需求的科研创新团队建设，以带动导师队伍建设和研究生培养水平的全面提高。同时，还要鼓励各种形式的高层次人才协作，不断进行组织创新，构建包含研究生成员的新的创新群体。

(2) 努力构建多元化的考核机制，采取形式多样且内容丰富的激励方式。富有创新力的高校科研团队是保证研究生拔尖创新人才培养的重要方面。但是，目前我国高校科研团队内部活性不足，主要原因之一是缺乏有效的团队激励和考核机制，因此，要改变目前高校科研团队评价指标不全面、缺乏激励措施的情况，努力构建多元化的考核机制，从重视科研论文、课题等短期成果向科研成果转化、服务社会等长期效应转变。同时，要充分尊重团队成员的个体之间的差异性，树立"以人为本"的理念，采取形式多样且内容丰富的激励方式，才能有效地激励团队成员进行科学探索。

(3) 完善团队成员知识结构，构建高素质科研团队。扎实的基础理论知识、前沿的学科专业知识以及科学的研究方法对成员的创新能力有较大的影响，也是构建一支高素质科研团队的必备要素。目前，我国很多高校的科研团队成员由相同或者相近学科或专业的导师和研究生组成，在知识结构上比较单一，不利于学术创新。因此，要鼓励不同学科或专业的导师和研究生组建科研团队，实现团队成员在知识结构上的多样性，实现学科交叉，才能构建一支高素质科研团队，为研究生拔尖创新人才的培养提供高水平的科研平台。

五、强化科研团队资源能力，增强沟通与协调，形成团队共享心智模式

(1) 强化科研团队资源能力，实现对科研团队的宏观和微观管理。由于科研团队本身就是一种组织，应用集成化能力理论可以将团队整体的能力看作一个集成化能力，再加上团队所拥有的无形资源和有形资源，构成了科研团队资源能力模型。科研团队资源能力能够为团队建设以及团队成员的发展提供支

持，在宏观层面上，管理部门能够运用资源能力模型对科研团队的发展情况进行全面评估，深入了解科研团队现有的资源能力情况，从而达到对科研团队进行科学管理的目的。在科研团队管理的微观层面上，团队内部可以定期利用资源能力模型对团队自身能力建设情况进行评估，从而采取相应的措施对自身所存在的问题进行改善。

(2) 培育具有凝聚力的团队带头人，增强团队的沟通与协调机制。科研团队带头人是团队的领袖，对科研团队的发展和团队绩效有着至关重要的领导作用。科研团队带头人除了具有较高的学术成果和学术声誉外，还应具有凝聚成员、高瞻远瞩的品行修养和人格魅力。培育具有凝聚力的团队带头人是一项艰巨的任务，目前我国高校大多数科研团队的带头人在学术成果和学术声誉上都比较高，但是在凝聚力、向心力等人格魅力上还有待加强。团队带头人不是天生的，要通过自我磨砺和组织培养与引导双管齐下，培育具有凝聚力的团队带头人，为科研团队健康发展和团队成员的成长起到引领作用。科研团队带头人除了引领作用之外，还应加强与团队成员之间的感情联系，通过沟通与交流化解冲突，关爱团队成员，营造一种和谐、奋进的团队氛围，为研究生拔尖创新人才的培养提供良好的平台。

(3) 塑造科研团队文化，形成团队共享心智模式。科研团队为研究生拔尖创新人才培养提供了科研平台，要想充分发挥科研团队的平台作用，必须形成团队成员共同遵守的价值观念与价值目标，才能形成团队良好的凝聚力，推动科研创新。这种团队成员共同遵守的价值观念与价值目标也就是科研团队文化，科研团队文化能够引导团队成员的价值取向和行为，使成员向着团队所确定的既定目标努力，从而产生强大的向心力和深刻的认同感，形成成员通力合作和协同作战的局面，促进科研创新。科研团队形成的这种协同和步调一致是隐匿于科研团队内部和成员之间的一种默契，是科研团队的共享心智模式。科研团队的共享心智模式作为团队成员对于团队行为共同的认知和理解，有利于团队成员行为的协调一致，减少工作过程中的冲突和消耗，提高了整个团队的工作效率，进而激发团队成员各自的潜力，促进研究生拔尖创新人才培养。

总之，研究生拔尖创新人才的培养是一项复杂的系统工程，需要政府制定相关政策引导与提供制度保障，还有高校、科研团队和导师及研究生个体的多方共同努力才能实现。

本章小结

本章提出了研究生拔尖创新人才能力培养提升机制和相应的对策措施。提升机制主要从加强高校科研团队的“软实力”建设、建立健全有效的激励机制、整合科研团队资源能力、建立有效的内部考评机制等八个方面进行了论述，并从推动人才培养模式创新、构建人性化管理制度、建立导师队伍进退有序的动态调整机制、构建科研团队平台、强化科研团队资源能力促进团队共享心智模式形成等五个方面提出对策建议，为相关管理者提供借鉴和指导。

附　录

附录一　研究生拔尖创新人才能力素质情况调查问卷

您好！

我们是江苏师范大学的老师和研究生，承担了国家教育“十二五规划”研究课题。为了解目前研究生拔尖创新人才培养的有关情况，特组织问卷调查以获取分析所需数据，调查结果仅用作学术研究，绝不对外披露，恳请您耐心审慎填答。谢谢！

联系方式：szzxbb@126.com

一、您的个人基本信息(请在相应的选项上打“√”或填写内容)

1. 您所在专业大类：____________(理工类、经管类、人文社科类)

2. 您的年龄：　A. ≤29 岁　B. 30～39 岁　C. ≥40 岁

4. 您的身份：　A. 博士研究生　B. 硕士研究生　C. 博士后

5. 您已就读年限：A. ≤2 年　B. 3～5 年　C. ≥10 年

二、您的工作经验及成果信息(请在相应的选项上打“√”或填写内容)

6. 您被 SCI/SSCI 收录的论文数量(第一作者)：

　A. 无　B. 1～2 篇　C. 3～5 篇　D. ≥6 篇

7. 您被 EI 收录的论文数量(第一作者)：

　A. 无　B. 1～2 篇　C. 3～5 篇　D. ≥6 篇

8. 您被 ISTP 收录的论文数量(第一作者)：

　A. 无　B. 1～2 篇　C. 3～5 篇　D. ≥6 篇

9. 您被 CSCD/CSSCI 收录的论文数量(第一作者)：

　A. 无　B. 1～2 篇　C. 3～5 篇　D. ≥6 篇

三、请您评估以下各要素是否符合您自身情况以及它们对于提高科研人员的科研能力素质是否重要(请在相应的选项上打"√")

序号	类别	要素	一般特征描述	不符合——→完全符合					不重要——→非常重要				
				1	2	3	4	5	1	2	3	4	5
10	内在素质	事业心	您有理想抱负,目标明确,开拓进取,认真负责,渴望成就										
11		责任心	您关心工作职责与义务,敢于并主动负责										
12		支配性	您支配欲望强,自信、坚定,力图通过表达自己观点影响、说服他人										
13		敢为性	您通常能大方、轻松展示自己,较少感觉到有外部威胁										
14		自信	您自我评价高,不怀疑自己,自信对他人有吸引力										
15		坚强	您在逆境或困难下时,会勇敢面对、勇于战胜、不沮丧、不放弃										
16		独立	您自信有主见,善于独立地发现、分析和解决问题										
17		原则性	您敢于按章行事,是非分明,模范守纪,学术纯洁										
18		亲和性	您开朗热情富有同情心,容易接纳他人并与之亲近、交往										
19		民主性	您平等待人,善于集思广益,合作包容性强										
20		敏感性	您注重自我感觉,评判事物时更关注自己的品位、价值观和情感										
21		灵活性	您不拘泥于形式,思考与行动有伸缩性或弹性										
22		开拓进取	您在逆境中求发展,勇于创新										
23		甘于奉献	您不强求回报的付出,乐于奉献										
24		管理潜力	您积极主动,认真负责,头脑清醒,情绪稳定,善交际表达,易与人合作										
25	知识储备	理论知识	您熟练掌握从事学术研究所具备的基础知识,具有较高的文化教育程度										
26		专业知识	您掌握从事学术研究所需的核心学科知识和相关学科知识,掌握相关研究领域的国内外发展动态										
27		综合知识	您掌握理论知识和专业知识,并具有实践知识										

序号	类别	要素	一般特征描述	不符合——→完全符合					不重要——→非常重要				
				1	2	3	4	5	1	2	3	4	5
28	专业技能与综合能力	应变能力	您能对事件和周围形势变化轻松感知并处理，主动做出反应和调整										
29		知人善任	您善于发现人才、用人之长，做到人尽其才、才尽其用										
30		计划组织	您善于统筹安排资源、时间及人员，并能有效组织起来以实现最好结果										
31		综合能力	您能够对复杂事物综合比较分析，抓住关键，逻辑性强，做出正确结论										
32		语言表达	您口头或文字表达能力强，逻辑严密有条理，生动简练有说服力										
33		协调能力	您善于处理上下左右的工作关系和人际关系，化解矛盾和冲突，相互协同配合										
34		领导能力	您能通过指导、授权、激励他人创造坦诚温和环境，使其自愿投入更多努力去克服困难，达到目标										
35		归纳总结	您擅长分析归纳和逻辑推理，并善于总结										
36		理解判断	您善于迅速将信息吸收、消化，通过认知领会和分析取舍后赋予其意义										
37		调查研究	您善于运用科学理论方法了解到实情，发现问题，分析并解决问题										
38		学习能力	您获取知识欲望强烈，并能迅速消化，坚持不懈，不断发展自我										
39		团队协作	您善于与人交流、合作，共同配合完成任务而不单独或采取竞争方式工作										
40		信息收集与处理	您能有效采集对工作有价值的信息，熟练提供建设性的信息反馈										
41		实践能力	您善于对实践问题处理，抓住重点，通过多种途径和方式解决问题										
42		心理调节能力	您能根据形势和环境变化调整自己的思维和行为，保持健康心态和良好情绪										
43		创新能力	您不满足于现状，善于更新观念和开发新途径										

四、请您评估以下各要素是否符合您主持(参与)的科研项目组的实际情况以及它们对提高科研项目组的科研能力素质是否重要(请在相应的选项上打"√")

序号	类别	要素	一般特征描述	不符合——→完全符合					不重要——→非常重要				
				1	2	3	4	5	1	2	3	4	5
44	无形资源	团队文化	具有为项目组成员所共有的科学的学术价值观、行为规范、核心理念										
45		组织结构	合理有效、切合实际的组织结构(如职能式、项目式、矩阵式结构等)										
46		关系资源	与各方面人或组织广泛合作联系(如上下左右工作关系、人际关系等)										
47	有形资源	人力资源	充足的高质量的人才(如学术带头人、科研骨干、辅助人员等)										
48		财力资源	充足的经费支持										
49		物力资源	充足良好的有形资产(如机器、设备、实验室、原材料等)										
50	科研能力	获取科研项目能力	通过多种渠道、采取有效方式成功申请科研项目										
51		知识创新能力	获得新发现、新规律,创立新学说、新方法,积累新知识										
52		技术创新能力	实现新产品、新工艺以及原有产品和工艺的显著技术变化										
53		科技成果转化能力	对具有实用价值的科技成果进行后续试验、开发应用、试制生产、经济回收										
54	管理能力	计划能力	科学评估现有资源、时间以及人员等要素,进行精心分析与规划										
55		组织能力	构建有效的流程机制、运作模式,资源的合理配置与开发										
56		控制能力	对成员的有效约束,发现问题和矛盾及时处理,确保按计划实施										
57		领导能力	授权、激励、指导凝聚人心,营造良好的环境,确保齐心协力达成目标										
58	发展能力	学习能力	采取有效手段,持续地、快速地、有效地理解、掌握、更新知识和信息										
59		管理创新能力	针对新情况新问题更新科研管理方式方法,探索项目组建设的有效途径										

问卷到此结束,非常感谢您的大力协助!

附录二　深度访谈相关资料

1. 访谈记录

被访谈人		访谈时间	
被访谈人职务		访谈人	白冰、郭志琼
被访谈人联系方式		整理人	孙雨、张姗姗、黄艾佳
被访谈人签字确认		访谈记录编号	
访谈内容：			

2. 访谈计划

被访谈人职务	被访谈人	时间	地点	备注

附录三　高校科研团队资源能力调查问卷

一、您的个人基本信息(请在相应的选项上打"√"或填写内容)

1. 您所在院系：________________________________

2. 您的年龄：

   A. ≤29 岁　B. 30～39 岁　C. 40～49 岁　D. 50～59 岁　E. ≥60 岁

3. 您的学历：

   A. 博士　B. 硕士　C. 本科　D. 大专　E. 中专及以下

4. 您的职称：

   A. 教授　B. 副教授　C. 讲师　D. 助教　E. 博士后

   F. 博士研究生　G. 硕士研究生

5. 您任现职的年限：

   A. ≤2 年　B. 3～5 年　C. 6～9 年　D. ≥10 年

二、您的工作经验及成果信息(请在相应的选项上打"√"或填写内容)

说明：导师与其指导的学生合作完成发表的论文，第二作者的导师可以视同为第一作者统计。

6. 您被 SCI/SSCI 收录的论文数量(第一作者)：

   A. 无　B. 1～4 篇　C. 5～9 篇　D. 10～19 篇　E. ≥20 篇

7. 您被 EI 收录的论文数量(第一作者)：

   A. 无　B. 1～4 篇　C. 5～9 篇　D. 10～19 篇　E. ≥20 篇

8. 您被 ISTP 收录的论文数量(第一作者)：

   A. 无　B. 1～4 篇　C. 5～9 篇　D. 10～19 篇　E. ≥20 篇

9. 您被 CSCD/CSSCI 收录的论文数量(第一作者)：

   A. 无　B. 1～4 篇　C. 5～9 篇　D. 10～19 篇　E. ≥20 篇

10. 您主编公开出版的学术专著(包括教材)：

    A. 无　B. 1～2 部　C. 3～5 部　D. 6～9 部　E. ≥10 部

11. 您被邀请在国际学术会议上大会报告次数：

    A. 无　B. 1～2 次　C. 3～5 次　D. 6～9 次　E. ≥10 次

12. 您主持过的国家级项目数量：

    A. 无　B. 1～2 项　C. 3～5 项　D. 6～9 项　E. ≥10 项

13. 您主持过的省部级项目数量：

A. 无　B. 1～2 项　C. 3～5 项　D. 6～9 项　E. ≥10 项

14. 您主持过的横向项目数量：

A. 无　B. 1～2 项　C. 3～5 项　D. 6～9 项　E. ≥10 项

15. 您获得的知识产权（专利权、著作权、发明权等）/取得重大理论研究成果数量：

A. 无　B. 1～2 项　C. 3～5 项　D. 6～9 项　E. ≥10 项

16. 您的研究成果转化有重大经济效益/被列为国家级技术推广项目数量：

A. 无　B. 1～2 项　C. 3～5 项　D. 6～9 项　E. ≥10 项

17. 您荣获的国家级奖项（不限排名）：

A. 无　B. 1～2 项　C. 3～5 项　D. 6～9 项　E. ≥10 项

18. 您荣获的省部级奖项（不限排名）：

A. 无　B. 1～2 项　C. 3～5 项　D. 6～9 项　E. ≥10 项

19. 您最近 5 年的年均科研经费大约：

A. ＜0.5 万元　B. 0.5 万～1 万元　C. 1 万～2 万元

D. 2 万～5 万元　E. 5 万～8 万元　F. 8 万～10 万元

G. 10 万～15 万元　H. 15 万～20 万元　I. 20 万～30 万元

J. 30 万～50 万元

K. ≥50 万元

20. 您获得的荣誉情况：

A. 两院院士　B. 国家杰出青年科学基金获得者

C. 长江学者　D. "百人计划"获得者

E. "跨世纪优秀人才培养计划"获得者　F. 蓝天学者

G. 蓝天新星　H. 蓝天新秀

I. 其他：________

三、科研项目组的基本信息（请在相应的选项上打"√"或填写内容）

21. 您当前主持的科研项目数量：

A. 无　B. 1 项　C. 2 项　D. 3 项　E. 其他

22. 您主持项目的一般人员规模：

A. 无　B. 1～3 人　C. 4～6 人　D. 7～9 人　E. ≥10 人

23. 您主持项目的一般人员结构：

教授

A. 无　B. 1～2 人　C. 3～4 人　D. 5～6 人　E. ≥7 人

副教授

A. 无　B. 1～2 人　C. 3～4 人　D. 5～6 人　E. ≥7 人

讲师

A. 无　B. 1～2 人　C. 3～4 人　D. 5～6 人　E. ≥7 人

助教

A. 无　B. 1～2 人　C. 3～4 人　D. 5～6 人　E. ≥7 人

博士研究生

A. 无　B. 1～2 人　C. 3～4 人　D. 5～6 人　E. ≥7 人

硕士研究生

A. 无　B. 1～2 人　C. 3～4 人　D. 5～6 人　E. ≥7 人

四、请您评估以下各要素是否符合您自身情况以及它们对于提高科研人员的科研能力素质是否重要(请在相应的选项上打"√")

序号	类别	要素	一般特征描述	不符合——→完全符合					不重要——→非常重要				
				1	2	3	4	5	1	2	3	4	5
24	内在素质	事业心	您有理想抱负，目标明确，开拓进取，认真负责，渴望成就										
25		责任心	您关心工作职责与义务，敢于并主动负责										
26		支配性	您支配欲望强，自信、坚定，力图通过表达自己观点影响、说服他人										
27		敢为性	您通常能大方、轻松展示自己，较少感觉到有外部威胁										
28		自信心	您自我评价高，不怀疑自己，自信对他人有吸引力										
29		坚韧性	您在逆境或困难下工作情绪稳定、坚定不移，对目标保持持续关注										
30		独立性	您自信有主见，不求融入群体以寻找平衡，倾向于独立自主解决问题										
31		原则性	您敢于按章行事，是非分明，模范守纪，学术纯洁										
32		亲和性	您开朗热情富有同情心，容易接纳他人并与之亲近、交往										
33		民主性	您平等待人，善于集思广益，合作包容性强										

序号	类别	要素	一般特征描述	不符合——→完全符合					不重要——→非常重要				
				1	2	3	4	5	1	2	3	4	5
34	内在素质	敏感性	您注重自我感觉，评判事物时更关注自己的品位、价值观和情感										
35	内在素质	灵活性	您不拘泥于形式，思考与行动有伸缩性或弹性										
36	内在素质	变革性	您思想自由奔放，对新事物有浓厚兴趣，尝试变革创新										
37	内在素质	合作精神	您尊重并容纳不同个性、习惯的人，愿意与之合作共事，求同存异										
38	内在素质	管理潜力	您积极主动，认真负责，头脑清醒，情绪稳定，善交际表达，易与人合作										
39	必备知识	理论知识	您熟练掌握从事学术研究所具备的基础知识，具有较高的文化教育程度										
40	必备知识	专业知识	您掌握从事学术研究所需的核心学科知识和相关学科知识，掌握相关研究领域的国内外发展动态										
41	必备知识	环境知识	您熟悉各有关科研管理机构或部门的情况特点、办事程序，掌握从事学术研究的有关政策法规、制度惯例、发展规划等情况										
42	专业技能与综合能力	应变能力	您能对事件和周围形势变化轻松感知并处理，主动做出反应和调整										
43	专业技能与综合能力	知人善任	您善于发现人才、用人之长，做到人尽其才、才尽其用										
44	专业技能与综合能力	计划组织	您善于统筹安排资源、时间及人员，并能有效组织起来以实现最好结果										
45	专业技能与综合能力	综合分析	您能够对复杂事物综合比较分析，抓住关键，逻辑性强，做出正确结论										
46	专业技能与综合能力	语言表达	您口头或文字表达能力强，逻辑严密有条理，生动简练有说服力										
47	专业技能与综合能力	协调能力	您善于处理上下左右的工作关系和人际关系，化解矛盾和冲突，相互协同配合										
48	专业技能与综合能力	领导能力	您能通过指导、授权、激励他人创造坦诚温和环境，使其自愿投入更多努力去克服困难，达到目标										
49	专业技能与综合能力	思维能力	您擅长分析归纳和逻辑推理，能从各方面进行思考，思路丰富，反应敏捷										

序号	类别	要素	一般特征描述	不符合——→完全符合					不重要——→非常重要				
				1	2	3	4	5	1	2	3	4	5
50	专业技能与综合能力	理解判断	您善于迅速将信息吸收、消化，通过认知领会和分析取舍后赋予其意义										
51		调查研究	您善于运用科学理论方法了解到实情，发现问题，分析并解决问题										
52		学习发展	您获取知识欲望强烈，并能迅速消化，坚持不懈，不断发展自我										
53		团队工作	您善于与人交流、合作，共同配合完成任务而不单独或采取竞争方式工作										
54		信息采集反馈能力	您能有效采集对工作有价值的信息，熟练提供建设性的信息反馈										
55		解决问题	您善于对问题做出正确分析，抓住重点，通过多种途径和方式解决问题										
56		心理调适	您能根据形势和环境变化调整自己的思维和行为，保持健康心态和良好情绪										
57		创新能力	您不满足于现状，善于更新观念和开发新途径										

五、请您评估以下各要素是否符合您主持(参与)的科研项目组的实际情况以及它们对提高科研项目组的科研能力素质是否重要(请在相应的选项上打“√”)

序号	类别	要素	一般特征描述	不符合——→完全符合					不重要——→非常重要				
				1	2	3	4	5	1	2	3	4	5
58	无形资源	团队文化	具有为项目组成员所共有的科学的学术价值观、行为规范、核心理念										
59		组织结构	合理有效、切合实际的组织结构（如职能式、项目式、矩阵式结构等）										
60		关系资源	与各方面人或组织广泛合作联系（如上下左右工作关系、人际关系等）										
61	有形资源	人力资源	充足的高质量的人才（如学术带头人、科研骨干、辅助人员等）										
62		财力资源	充足的经费支持										
63		物力资源	充足良好的有形资产（如机器、设备、实验室、原材料等）										
64	科研能力	获取科研项目能力	通过多种渠道、采取有效方式成功申请科研项目										
65		知识创新能力	获得新发现、新规律，创立新学说、新方法，积累新知识										

序号	类别	要素	一般特征描述	不符合──→完全符合					不重要──→非常重要				
				1	2	3	4	5	1	2	3	4	5
66	科研能力	技术创新能力	实现新产品、新工艺以及原有产品和工艺的显著技术变化										
67		科技成果转化能力	对具有实用价值的科技成果进行后续试验、开发应用、试制生产、经济回收										
68	管理能力	计划能力	科学评估现有资源、时间以及人员等要素，进行精心分析与规划										
69		组织能力	构建有效的流程机制、运作模式，资源的合理配置与开发										
70		控制能力	对成员的有效约束，发现问题和矛盾及时处理，确保按计划实施										
71		领导能力	授权、激励、指导凝聚人心，营造良好的环境，确保齐心协力达成目标										
72	发展能力	学习能力	采取有效手段，持续地、快速地、有效地理解、掌握、更新知识和信息										
73		管理创新能力	针对新情况新问题更新科研管理方式方法，探索项目组建设的有效途径										

问卷到此结束，非常感谢您的大力协助！

参考文献

埃里克森，米尔克森，1998. 企业竞争优势与核心竞争力理论[M]. 大连：东北财经大学出版社.

白春章，陈其荣，张慧洁，2012. 拔尖创新人才成长规律与培养模式研究述评[J]. 教育研究(12)：149-153.

博耶，2000. 重建本科生教育：美国研究型大学发展蓝图[J]. 教育参考资料(19)：5-9.

卜琳华，2010. 高校科研创新团队能力跃进机制研究[J]. 科技进步与对策，27(13)：130-133.

卜祥云，蔡翔，2008. 高校创新型科研团队应坚持以人为本的绩效管理[J]. 工业技术经济(8)：24-26.

卜祥云，唐贵伍，蔡翔，2008. 高校拔尖人才的胜任力特征及其绩效薪酬激励启示[J]. 科技管理研究，28(7)：323-324.

曹科岩，龙君伟，2009. 团队共享心智模式对团队有效性的影响机制研究[J]. 科研管理，30(5)：155-161.

常亚平，孙威，张金隆，2013. 研究生团队创新氛围的影响因素研究[J]. 科研管理，34(7)：1-10.

车诚，李雷鸣，王军会，等，2011. 研究生综合能力评价体系及模糊综合分析[J]. 陕西科技大学学报(自然科学版)，29(1)：165-168.

陈洪根，薛静，2004. 高校研究生科研创新团队特性研究[J]. 中国高教研究(7)：26-27.

陈花玲，仇国芳，王俐，等，2005. 改革研究生课程体系培养研究生创新能力[J]. 学位与研究生教育(6)：26-29.

陈权，王晓燕，温亚，等，2017. 基于 AHP 的拔尖创新人才素质模型建构与权重研究[J]. 科学管理研究，35(3)：87-90.

陈石，王玉坤，2010. 高校硕士研究生胜任特征模型与培养绩效的关系研究[J]. 知识经济(13)：130-131.

陈希，2002. 按照党的教育方针培养拔尖创新人才[J]. 中国高等教育(23)：5-7.

陈新军，田思泉，雷林，等，2020. 交叉学科研究生拔尖创新人才培养模式与实践：以远洋渔业遥感与 GIS 技术为例[J]. 高教学刊(20)：31-33.

陈新忠，李忠云，胡瑞，2010. 研究生创新能力评价的三个基本问题[J]. 学位与研究生教育(1)：10-13.

陈艳艳，王萌，2014. 共享心智模式对团队创新绩效的影响机制研究：基于知识密集型服务业研发团队的实证分析[J]. 华东经济管理(1)：133-137.

陈瑶，2014. 苗汉大学生情绪智力、一般自我效能感与情绪创造力的关系研究[D]. 昆明：云南师范大学.

陈忠卫，1999. 团队管理理论述评[J]. 经济学动态(8)：64-67.

程絮森，赵莹，傅诗轩，2015. 研究生科研团队协作创新评价因素探索研究[J]. 科研管理，36(S1)：187-193.

邓秋南，2019. NW 公司中层管理人员能力素质模型构建及其在培训中的运用[D]. 桂林：广西师范大学.

丁栋虹，张翔，2016. 创造力自我效能对员工创造力的影响机制[J]. 经济与管理研究，37(9)：115-125.

董文杨，2014. 我国高校拔尖创新人才培养模式案例研究[D]. 武汉：湖北大学.

董雯雯，2016. 论地方高校研究生创新团队建设：以 A 大学为例[D]. 信阳：信阳师范学院.

董泽芳，何青，张惠，2013. 我国研究生创新能力的调查与分析[J]. 学位与研究生教育(2)：1-5.

杜海莲，陈启锋，2003. 大学科研创新与科研团队创新能力初探[J]. 福建农林大学学报(哲学社会科学版)，6(2)：86-88.

段菲，2012. 研究生情绪智力、家庭环境对职业决策自我效能的影响[D]. 西安：西北大学.

冯锦丽，吕振中，刘瑛，2006. 对研究生素质评价的一种新方法[J]. 西安航空技术高等专科学校学报(3)：50-52.

冯玉萍，2013. 协同创新视角下的高校科研团队建设[J]. 中国高校科技

(3):37-39.

扶慧娟,2011.地方综合性大学拔尖人才培养模式研究[D].南昌:南昌大学.

高彩娇,李秀霞,2020.基于被引均衡性的国内情报学领域科研团队影响力评价研究[J].情报科学(8):1-7.

高田钦,王保健,2016.硕士生创造性人格和创新自我效能感对创新能力的影响[J].中国高教研究(12):52-55.

高晓明,2012.我国拔尖创新人才培养的困境与出路[D].兰州:兰州大学.

高振,沈馨怡,吴松强,2013.适应于协同创新发展模式的科研团队绩效考核机制研究[J].工业技术经济(12):78-89.

葛华勇,2013.论央行人才能力素质体系的构建[J].上海金融(5):94-97.

耿甜甜,2016.从个体创造力到团队创造力:关系嵌入的调节作用研究[D].大连:东北财经大学.

古扬,2019.基于能力素质模型的中美信息分析师硕士研究生教育培养研究[D].上海:上海大学.

关华,邵欣,汪寿阳,2011.开拓创新多元模式培养拔尖创新人才:中科院数学与系统科学研究院人才培养的探索与实践[J].中国科学院院刊,26(2):237-240.

郭晓利,郭平,2014.研究生创新团队的建立与管理研究[J].沈阳大学学报(社会科学版),16(1):26-28.

郭艳利,2011.国外研究生教育理念比较及启示[J].学位与研究生教育(8):72-77.

郭宇航,陈洪美,金云学,等,2014.基于科研训练的材料专业研究生拔尖创新人才培养模式研究[J].科技创新导报,11(35):156-157.

郝克明,2004.造就拔尖创新人才与高等教育改革[J].北京大学教育评论,2(2):5-10.

何德忠,方祯云,张素荷,2004.研究生创新能力培养的探索与实践[J].中国高教研究(1):28-30.

侯映霞,2007.我国高校研究生创新团队建设的研究[D].重庆:重庆大学.

黄春艳,2009.硕士研究生创造性动机、创造性自我效能与创造性表现的关系[D].上海:华中师范大学.

黄飞跃,2004.谈研究生创新能力的培养[J].学位与研究生教育(3):4-8.

霍明,2018.硕士研究生综合素质测评中能力素质评价存在的问题及思考[J].科教导刊(12):53-54.

纪梅玲,2012.拔尖创新人才培养模式下高校思想政治教育创新研究[D].成都:西南石油大学.

纪晓丽,蔡耀龙,2013.研发团队即兴能力与团队创新绩效关系研究:共享心智模式的调节作用[J].科技进步与对策,30(14):11-16.

简文祥,王革,2014.西方领导力理论演进与展望[J].科学学与科学技术管理,35(2):80-85.

蹇兴东,2007.建设有利于培养研究生创新能力的良好环境[J].中国高教研究(11):46-48.

江尚,黎苑楚,2011.社会创新能力建设与科研团队的打造:以研究生培养为例[J].湖北行政学院学报(3):72-75.

姜友芬,吴宏翔,熊庆年,等,2005.影响研究生创新能力培养的导师因素分析[J].复旦教育论坛,3(6):51-54.

蒋满秀,2005.我国高校科研创新团队建设的研究[D].长沙:中南大学.

解学梅,吴永慧,2013.企业协同创新文化与创新绩效:基于团队凝聚力的调节效应模型[J].科研管理,34(12):66-74.

卡曾巴赫,史密斯,1999.团队的智慧:创建绩优组织[M].北京:经济科学出版社.

康旭东,王前,郭东明,2005.科研团队建设的若干理论问题[J].科学学研究,23(2):232-236.

康重庆,董嘉佳,曹海翔,2011.瞄准学科前沿培养拔尖创新型研究生[J].高教论坛(6):97-99.

康重庆,董嘉佳,董鸿,等,2015.电气工程学科本科拔尖创新人才培养的探索[J].高等工程教育研究(5):132-137.

库兵,1986.大学生能力培养初探[J].高校德育研究:49-51.

黎庆兴,梁敏辉,2008.提高高校科研团队创新能力的途径探索[J].赣南师范学院学报,29(2):110-112.

黎子清,2018.硕士研究生团队创新氛围对个体创新行为的影响研究[D].长沙:长沙理工大学.

李刚,洪艳,赵春晖,2007.研究生创新能力培养的对策研究[J].学位与研究生教育:42-44.

李海波，刘则渊，潘雄峰，2006. 科研团队的模糊综合评价模型及其应用[J]. 科技管理研究(11)：134-136.

李树茁，靳小怡，刘慧君，等，2008. 基于国际科研平台的团队学习型研究生培养模式[J]. 学位与研究生教育(4)：14-17.

李未，2009. 突出特色鼓励创新培养拔尖人才：理工科研究生拔尖创新人才培养模式的探索与实践[J]. 北京航空航天大学学报(社会科学版)，22(S1)：1-4.

李艳，2014. 国际视野下我国研究型大学本科阶段拔尖创新人才培养模式研究[J]. 桂林：广西师范大学.

李志红，许放，2012. 国外研究生教育促进国家创新体系建设的启示：以美、法、日三国为例[J]. 科技管理研究，32(13)：100-104.

李祖超，张丽，2014. 科研实践培养理工科研究生创新能力的路径探索：基于结构方程模型的分析[J]. 高等教育研究，35(11)：60-67.

梁冰洁，2020. 高校拔尖创新人才招生政策的公平与效率研究[D]. 成都：电子科技大学.

林崇德，2011. 从创新拔尖人才的特征看青少年创新能力培养的途径[J]. 科学中国人(9)：18-21.

凌四立，陈芳，2004. 学术团队与学科群系统核心竞争力的关系研究[J]. 系统工程，22(6)：5-7.

刘竞，2013. 省属高校拔尖创新人才培养模式研究[D]. 武汉：湖北大学.

刘雷，詹一虹，黄英辉，2018. 基于物元可拓的研究生创新能力评价研究[J]. 贵州财经大学学报(2)：54-59.

刘珊珊，2016. 高校学术团队管理与硕士研究生创新能力的关系研究[D]. 南京：南京大学.

刘学伶，白仲航，毕宏亮，2007. 素质教育观下的大学生综合测评研究[J]. 河北工业大学成人教育学院学报(2)：13-16.

刘艳清，张作岭，刘天浩，2012. 研究生创新能力培养的探索与实践[J]. 吉林师范大学学报(人文社会科学版)，40(5)：94-96.

刘则渊，韩震，2003. 知识活动系统与大学知识管理[J]. 大连理工大学学报(社会科学版)，24(2)：31-35.

龙飞，戴昌钧，2007. 基于组织共享心智模型的组织知识管理研究[J]. 情报杂志，26(1)：81-85.

龙建成，1999. 马克思主义哲学在大学生素质教育中的作用[J]. 中国电子教育,21-24.

娄玮瑜,钟建安,段锦云,2009.基于职业发展的大学生核心素质模型的研究[J].心理发展与教育,25(4):122-127.

鲁娅妮.教学研究型大学研究生胜任特征的实证研究[D].西安:西安科技大学,2011.

陆一,史静寰,何雪冰,2018.封闭与开放之间:中国特色大学拔尖创新人才培养模式分类体系与特征研究[J].教育研究,39(3):46-54.

吕红艳,2013.博士研究生创新能力内涵及提升路径[J].江苏高教(5):101-102.

吕晓俊,2009.共享心智模型对团队效能的影响:以团队过程为中介变量[J].心理科学,32(2):440-442.

吕晓俊,俞文钊,2002.员工心智模式的实证研究[J].心理科学,25(6):736-737.

马君,张昊民,杨涛,2015.成就目标导向、团队绩效控制对员工创造力的跨层次影响[J].心理学报,47(1):79-92.

马一博,2010.经管类研究生创新能力评价研究[D].哈尔滨:哈尔滨工程大学.

毛克琴,2008.研究生创新能力培养和创新型研究生导师队伍建设研究[D].长沙:湖南师范大学.

孟万金,2001.研究生科研能力结构要素的调查研究及启示[J].高等教育研究(6):58-62.

牟子实,2015.心智模式对信息系统研发团队绩效的影响研究[D].上海:华东理工大学.

彭运石,1999.走向生命的巅峰:马斯洛的人本心理学[M].武汉:湖北教育出版社.

钱存阳,2004.研究生创新能力培养的障碍与对策分析[J].高教探索(1):52-53.

秦亮生,李玉荣,2009.高校学术团队的组建模式及运行机制研究[J].华南农业大学学报(社会科学版),8(3):147-150.

邱立,曹成,邓长征,2017.基于团队与个体并重的高校研究生创新能力培养机制初探[J].高教学刊(3):16-17.

曲永岗,2001.研究生创新能力培养浅谈[J].江苏高教(6).98-99.

申曦，何丹，何菲，等，2017. 大学生情绪智力与自我效能：自我领导的中介作用[J]. 中国健康心理学杂志，25(3)：437-440.

沈田，2012. 信息生态背景下拔尖创新人才信息素养培养研究[D]. 武汉：中国地质大学.

宋晨晖，王悦芳，朱玉山，2006. 研究型大学的创新人才培养机制探讨：南京大学研究生创新教育的实践与探索[J]. 理工高教研究，25(6)：47-49.

孙维，马永红，2019. "双一流"建设背景下拔尖创新人才培养模式：源于跨学科博士生团队培养的思考[J]. 中国电化教育(4)：63-69.

孙鑫，2012a. 本科阶段拔尖创新人才培养研究[D]. 南昌：江西师范大学.

孙鑫，2012b. 我国高校拔尖创新人才培养评述[J]. 中国高等教育评估(1)：47-51.

孙彦玲，杨付，张丽华，2012. 创造力自我效能感与员工创新行为的关系：一个跨层分析[J]. 经济管理，34(11)：84-92.

孙艳华，2005. 浅论高校科研创新团队核心能力的培养[J]. 哈尔滨学院学报，26(4)：108-110.

孙宇，2007. 加强研究生创新能力的培养[J]. 江苏高教(3)：122-123.

覃睿，丁松滨，2006. 影响研究生创新潜力释放的环境因素分析[J]. 中国高教研究(2)：47-49.

唐余明，2002. 论高校学术梯队[J]. 江苏高教(1)：98-100.

陶晓霞，2007. 大学生一般就业能力素质模型的构建[D]. 南昌：江西师范大学.

汪辉，2013. 日本教育战略研究[M]. 杭州：浙江教育出版社.

汪天虹，2014. 西南交通大学拔尖创新人才综合素质能力提升研究[D]. 成都：西南交通大学.

王常旭，2020. 在职研究生自我效能感与绩效探究[J]. 中国成人教育(10)：63-66.

王得忠，胡荣，2007. 研究生创新能力培养的环境因素分析[J]. 学位与研究生教育(6)：22-26.

王江沄，杨梦麟，2008. 个人能力与学习成绩的关系[J]. 硅谷(10)：133.

王军会，李雷鸣，车诚，等，2012. 团队学习与高效研究生学习团队的构建[J]. 中国成人教育(6)：51-52.

王磊，李翠霞，2016. 团队特征对高校科研团队个体创造力影响的跨层次研究:以团队知识整合能力为中介变量[J]. 软科学,30(9):75-78.

王磊,朱洪波,刘萍,2020. 在校研究生情绪智力和自我效能感的关系研究[J]. 管理观察(8):120-121.

王黎萤,陈劲,2010. 研发团队创造力的影响机制研究:以研发团队共享心智模型为中介[J]. 科学学研究,28(3):420-428.

王琳,昌广东,吴耀宏,2010. 研究生拔尖创新人才培养绩效评价研究[J]. 科技管理研究,30(13):75-78.

王萌,2013. 共享心智模式对团队创新绩效的作用机理研究:基于知识密集型服务企业的实证分析[D]. 长沙:中南大学.

王双龙,袁庆宏,2010. 基于社会系统视角的团队成员创新行为研究[J]. 科学管理研究,28(2):20-24.

王肖,2014. 高校产学研协同创新的拔尖创新人才培养机制研究[D]. 荆州:长江大学.

王亚珍,胡思前,徐俊晖,等,2019. 基于项目+导师团队制的研究生创新能力培养模式研究[J]. 中国教育技术装备(2):77-79.

王艳杰,2009. 战略性大学创新团队绩效评价研究[D]. 哈尔滨:哈尔滨理工大学.

王颖,彭灿,2011. 知识异质性与研发团队知识创新绩效:以共享心智模型为中介变量[J]. 情报杂志,30(1):113-116.

王永斌,许鹏奎,蔡中宏,等,2006. 拔尖创新人才与研究生教育的使命[J]. 现代教育科学(高教研究)(1):143-145.

王永跃,叶佳佳,2015. 伦理型领导、创造力自我效能感及员工创造力:绩效的调节作用[J]. 科学学与科学技术管理,36(9):164-172.

王贞怡,2009. 共享心智模式对团队效能的影响:基于 IT 研发团队的实证分析[D]. 成都:西南财经大学.

文武,2019. HG 公司中层干部能力素质模型构建及应用研究[D]. 成都:电子科技大学.

邬小撑,2003. 关于构建学术团队的思考[J]. 高等农业教育(2):38-40.

吴瑞林,王建中,2013. 研究性教学与研究生创新能力培养[J]. 学位与研究生教育(3):10-15.

吴晓亮,2014. 个体情绪智力与自我效能感对适应性绩效的影响研究[D]. 昆明:昆明理工大学.

吴杨，苏竣，2012.科研团队知识创新系统的复杂特性及其协同机制作用机理研究[J].科学学与科学技术管理，33(1)：156-165.

伍百洲，包健，2004.加强学术团队建设促进学科持续发展[J].重庆大学学报(社会科学版)，10(4)：158-159.

夏怡新，2001.坚持人本原理应重视对人的素质的培养[J].华东经济管理，15(S2)：84-86.

肖春，毛诗焙，2011.高校科研团队与研究生创新人才培养[J].黑龙江高教研究(6)：69-71.

谢佳丽，2010.寻找一种可能：英国修课式研究生培养模式[J].教育与职业(4)：94-96.

谢晔，霍国庆，张晓东，2013.我国科研团队领导力模式研究[J].科学学研究，31(1)：79-84.

熊正德，李婷，刘细良，2016.管理类拔尖创新型研究生教育质量评估体系研究[J].湖南社会科学(3)：136-139.

徐吉洪，郭石明，洪滔，等，2016.多学科视阈下研究生创新能力评价指标体系的构建[J].研究生教育研究(3)：67-71.

徐珺，尚玉钒，赵新宇，2019.高校科研团队领导语言框架与成员创新行为研究[J].科研管理，40(8)：263-272.

徐若虹，伊宏艳，2020.基于胜任素质为导向的大学生职业能力研究[J].高教学刊(23)：139-142.

徐晓媛，史代敏，2011.拔尖创新人才培养模式的调研与思考[J].国家教育行政学院学报(4)：81-84.

许硕，李靖，2015.国外科教协同创新模式对我国研究生教育的启示[J].华东经济管理，29(12)：176-179.

严标宾，张兴贵，林知，2013.员工情绪智力对工作绩效的影响：自我效能感的中介效应[J].软科学，27(12)：49-52.

阎光才，2011.从成长规律看拔尖创新型学术人才培养[J].中国高等教育(1)：37-39.

杨德广，2006.培养拔尖创新人才应克服体制性和制度性障碍[J].中国高教研究(12)：12-14.

杨虹蓁，曹新宇，2020.基于导师科研团队的研究生培养模式探究[J].北华航天工业学院学报，30(02)：46-49.

杨连生，2006b．大学学术团队管理模式与组织效能研究［D］．大连：大连理工大学．

杨连生，2006a．关于学术团队创新能力及其管理的思考［J］．大连理工大学学报（社会科学版），27（4）：76-79．

杨连生，钱甜甜，2015．人文学科研究生学术能力及其培养［J］．宁波大学学报（教育科学版），37（4）：87-90．

杨倩，吕帆，2020．基于团队多维协同的研究生动态跟踪培养模式研究［J］．黑龙江教育（理论与实践）（4）：45-46．

杨淞月，2012．高校拔尖创新人才成长规律及培养策略研究［D］．武汉：中国地质大学（武汉）．

杨卫，2007．研究生教育与创新文明的传承［J］．学位与研究生教育（5）：7-11．

杨兴林，2013．拔尖创新人才培养主要依靠研究生教育？：与叶赋桂、罗燕同志商榷［J］．复旦教育论坛，11（4）：12-17．

叶赋桂，2011．高等教育研究的前景［J］．中国人民大学教育学刊（2）：51-60．

殷婧钰，李柏洲，苏屹，等，2019．知识转移绩效视角下共享心智模式对企业双元创新的影响［J］．科技进步与对策，36（19）：116-122．

于洋，黄忠德，于淼，2014．高校科技创新团队建设的思考及政策建议［J］．研究与发展管理，26（2）：129-132．

袁本涛，延建林，2009．我国研究生创新能力现状及其影响因素分析：基于三次研究生教育质量调查的结果［J］．北京大学教育评论，7（2）：12-20．

远梦妮，2017．基于CIPP模型的拔尖创新人才培养质量评估研究［D］．哈尔滨：哈尔滨工业大学．

臧兴兵，赖小莹，2007．研究生创新能力培养路径探析［J］．中国高教研究（3）：40-43．

张聪，朱莲花，杨连生，2017．面向高校科研团队的知识服务交互式创新［J］．高等工程教育研究（5）：158-162．

张建林，2008．基于创新能力的研究生培养机制改革探索［J］．中国高教研究（3）：34-38．

张庆一，贺颖，2007．研究生综合素质评价体系多元模型的建构［J］．中国成人教育（21）：59-60．

张霜梅，2013．拔尖创新人才培养研究［D］．成都：电子科技大学．

张伟,2007.华中科技大学培养拔尖创新人才的案例研究[D].武汉:华中科技大学.

张喜爱,2009.高校科研团队绩效评价指标体系的构建研究:基于AHP法[J].科技管理研究,29(2):225-227.

张欣,2010.深化教育改革适应世界潮流:关于加强大学生能力素质培养问题的思考[J].技术与市场,17(11):165-166.

张秀萍,2005.拔尖创新人才的培养与大学教育创新[J].大连理工大学学报(社会科学版),26(1):9-15.

张学义,史立伟,2009.科研团队与研究生创新人才培养[J].河北职业教育(9):71-72.

张雪,李玮,李慧,等,2012.我国高校硕士研究生创新能力培养[J].河北联合大学学报(社会科学版),12(5):111-113.

张艳强,2012.拔尖创新人才培养视角下辅导员工作的思考与探索[D].济南:山东大学.

张勇,龙立荣,2013.绩效薪酬对雇员创造力的影响:人-工作匹配和创造力自我效能的作用[J].心理学报,45(3):363-376.

赵宾,1997.谈谈大学生的能力培养[J].平原大学学报(综合版),14(1):7-12.

赵仁铃,2015.基于结构方程模型的研究生考生综合素质评价模型研究[J].图书与情报(5):92-98.

赵伟丹,2019.高校科研团队研究生群体隐性知识分享影响因素研究:以电子科技大学为例[D].成都:电子科技大学.

赵新宇,尚玉钒,席酉民,等,2015.权力视角下高校科研团队领导对下属创造力影响路径研究[J].科技进步与对策,32(20):149-155.

赵志秋,2013.研究型大学拔尖创新人才培养制度研究[D].杭州:浙江工业大学.

郑学宝,孙健敏,2005.大学生能力素质模型建立的思路与方法[J].华南师范大学学报(社会科学版)(5):145-147.

郑媄,2013.高校学生能力素质模型的构建及其应用研究[D].武汉:武汉大学.

钟芳冰,彭灿,陈悦,2011.团队氛围对个体创造力与团队创造力的影响[J].价值工程,30(15):12-13.

周浩，龙立荣，2011. 工作不安全感、创造力自我效能对员工创造力的影响[J]. 心理学报，43(8)：929-940.

周玲，2005. 论大学组织的学术团队建设[J]. 清华大学教育研究，26(4)：11-15.

周其凤，2010. 创新引才用才体制机制　建设世界一流大学[J]. 国际人才交流(11)：1-1.

朱红，李文利，左祖晶，2011. 我国研究生创新能力的现状及其影响机制[J]. 高等教育研究，32(2)：74-82.

朱亭亭 2010. 知识共享对大学生研究能力提升的影响研究[D]. 大连：大连理工大学.

BARNEY J B, 1991. Firm resource and sustain competitive advantage[J]. Journal of management, 17(1): 99-120.

BARRICK M R, STEWART G L, NEUBERT M J, 1998. Relating member ability and personality to work learn processes and team effectiveness [J]. Journal of applied psychology, 83(3): 377-391.

BARRY B, STEWART G L, 1997. Composition, process, and performance in serf-managed groups: the role of personality [J]. Journal of applied psychology, 82 (1): 62-78.

BETTENHAUSEN K L, 1991. Five years of creativity among academic inventors and noninventors[J]. Percaptual and motor skills (4): 78.

CANNON-BOWERS J A, SALAS E 1993. Shared mental models in expert team decision making [M]//CASTELLAN N J JR. Individual and group decision making: current issues. Hillsdale, NJ: Erlbaum, 221-246.

CHEETHAM G, CHIVERS G, 1996. Towards a holistic model of professional competence[J]. Journal of European industrial training, 20(5): 20-30.

CHURCHILL G, 1979. A paradigm for developing better measures of marketing constructs[J]. Journal of marketing research, 16(1): 64-73.

COHEN S G, BAILEY D E, 1997. What makes teams work: group effectiveness research from the shop floor to the executive suite[J]. Journal of management, 23(3): 239-290.

DUNN S C, SEAKER R F, et al, 1994. Latent variable in business logistics research:scale decelopment and validation[J]. Journal of business logistics,15(2):145-172.

FREDRICKSON B L, 2001. The role of positive emotions in positive psychology: The broaden-and-build theory of positive emotions [J]. The American psychologist,56(3):218-226.

GRANT R M, 1999. The resources-based theory of competitive advantage: implication for strategy formulaticn [J]. California management review:spring(19):114-135.

HOFFMANN T, 1999. The meanings of competency [J]. Journal of European industrial training,23(6):275-285.

HAFEEZ K, ZHANG Y B, MALAK N, 2000. Core competence for sustainable competitive advantage: a structured methodology for identifying core competence[J]. IEEE transactions on engineering management,49(1):28.

KLIMOSKI R,MOHAMMED S,1994. Team mental model:construct or metaphor? [J]. Journal of management,20(2):403-437.

KRAIGER K, WENZEL L H, 1997. Conceptual development and empirical evaluation of measures of shared mental models as indicators of team effectiveness[J]. Team performance assessment and measurement: theory, methods,and applications,63-84.

KULJPERS M,2000. Career development competencies[C]//Proceedings of the 2nd Conference of HRD Research & Practice across Europe. University of Twente. Netherlands:309-314.

MARINO K E, 1996. Developing consensus on firm competencies and capabilities[J]. Academy of management executive,10(3):40-51.

MCCLELLAND D C, 1973. Testing for competence rather than for "intelligence"[J]. The American psychologist,28(1):1-14.

MOHAMMED S,KLIMOSKI R,RENTSCH J R,2000. The measurement of team mental models:we have no shared schema[J]. Organizational research methods,3(2):123-165.

ROBINSON A,STERN S,1998. Corporate creativity:how innovation and improvement actually happen[M]. Oakland:Berrett-Koehler Publishers.

SHARIF R,2017. A model of creativity in organizations:John Holland's

Theory of vocational choice (1973) at multiple levels of analysis[J]. Journal of creative behavior, 51(2): 140-152.

SPENCER L M, SPENCER S M, 1993. Competence at work models for superior performance[M]. Hoboken: John Wiley & Sons.